per i 400 anni della fondazione della Galleria degli Uffizi

Museo Israele, Gerusalemme

In copertina: Leonardo da Vinci, Testa giovanile
(No. 1 nel catalogo)

Ricerca e testo: Annamaria Petrioli Tofani,
Galleria degli Uffizi, Firenze
Curatori responsabili: Meira Perry-Lehmann, Ruth Apter-
Gabriel, Museo Israele

Design del catalogo: Nirit Zur, Museo Israele
Traduzione dall'italiano: Gaio Sciloni, Rishon-Lezion
Editore e cura del testo: Efrat Carmon, Museo Israele
Composizione: Riki Kibel, Museo Israele

Restauri e montaggi: Piero Bacci, Sergio Boni,
Galleria degli Uffizi, Firenze
Fotografie: Paolo Nannoni, Galleria degli Uffizi, Firenze
Segreteria: Giovanni Cerbara, Galleria degli Uffizi, Firenze
Assistenza nella preparazione del catalogo: Oreste
Giudici, Galleria degli Uffizi, Firenze
Assistenza nella preparazione delle opere: Piero Caciolli,
Pietro Casamenti, Bruno Francini, Galleria degli Uffizi,
Firenze

Catalogo No. 234, ISBN (965–278–000–6)
© Copyright: Museo Israele, Gerusalemme 1984

La pubblicazione di questo catalogo è stata resa
possibile grazie al generoso aiuto delle persone
sottoindicate:

Baronessa Gaby Bentinck
Roberto Constantiner
Famiglia Goldyne
John e Paul Herring
Alice M. Kaplan
Ronald Lauder
Martin Peretz
Herman Shickman
Eugene Thaw
Ian Woodner

Il Museo Israele di Gerusalemme ringrazia il Ministero
degli Esteri e il Ministero dell'Educazione e della Cultura
di Israele per il loro cortese appoggio.

Disegni Italiani
della
Galleria degli Uffizi

L'esposizione — sotto il patrocinio dei Governi d'Italia e d'Israele
nell'ambito dell'accordo culturale tra i due Paesi

Organizzata da:

Museo Israele — Gerusalemme
La Soprintendenza ai Beni Artistici e Storici
(Gabinetto Disegni e Stampe-Uffizi), Firenze
L'Ambasciata d'Italia in Israele
L'Istituto Italiano di Cultura

Sotto il patrocinio di:

Il Ministero degli Affari Esteri Italiano
Il Ministero per i Beni Culturali Italiano
La Galleria degli Uffizi di Firenze
Il Ministero degli Affari Esteri Israeliano
Il Ministero dell'Istruzione e Cultura Israeliano

Membri dei Comitati in Italia

Comitato d'Onore:

On. Giulio Andreotti, Ministro degli Affari Esteri
On. Antonino Gullotti, Ministro per i Beni Culturali e
Ambientali
Ministro Alessandro Cortese de Bosis, Direttore Generale
delle Relazioni Culturali, Ministero degli Affari Esteri
Dott. Corrado Taliani, Ambasciatore d'Italia in Israele
Dott. Guglielmo Triches, Direttore Generale delle Antichità
e Belle Arti, Ministero per i Beni Culturali e Ambientali

Comitato Organizzatore:

Prof. Luciano Berti, Soprintendente ai Beni Artistici e
Storici di Firenze
Prof. Panagiotis Kizeridis, Direttore dell'Istituto Italiano di
Cultura, Tel Aviv
Dott.ssa Rosetta Mosco Agresti, Dirigente della Divisione
Manifestazioni Culturali della Direzione Generale delle
Antichità e Belle Arti, Ministero per i Beni Culturali e
Ambientali
Dott. Alberto di Mauro, Addetto all'Istituto Italiano di
Cultura, Tel Aviv

Comitato Scientifico:

Dott. ssa Anna Forlani Tempesti
Ispettore Centrale del Ministero per i Beni Culturali e
Ambientali
Dott. ssa Annamaria Petrioli Tofani
Direttrice del Gabinetto Disegni e Stampe degli Uffizi

Membri dei Comitati in Israele

Comitato d'Onore:

Sig. Yitzhak Shamir, Capo del Governo e Ministro degli
Esteri
Sig. Zevulun Hammer, Ministro dell'Educazione e della
Cultura
Sig. Teddy Kollek, Sindaco di Gerusalemme
Sig. Eytan Ronn, Ambasciatore di Israele in Italia

Comitato Organizzatore:

Sig. Eliezer Shmueli, Direttore Generale, Ministero
dell'Educazione e della Cultura
Sig. David Rivlin, Capo Dipartimento Relazioni Culturali e
Scientifiche, Ministero degli Esteri
Sig. ra Aviva Briskman, Dipartimento Relazioni Culturali e
Scientifiche, Ministero degli Esteri
Sig. Abraham Ofek, ex Consigliere per la Cultura e la
Scienza all'Ambasciata di Israele, Roma
Sig. Avner Shalev, Presidente del Consiglio Nazionale per
la Cultura e l'Arte
Sig.ra Judith Inbar, Consiglio Nazionale per la Cultura e
l'Arte

Il Museo Israele di Gerusalemme ha chiesto di ospitare, nel quadro del programma di cooperazione culturale fra Italia e Israele, una mostra di disegni dalle raccolte degli Uffizi "per celebrare il quarto centenario della Galleria fiorentina". Tale motivazione ha reso il nostro impegno particolarmente gradito, nella consapevolezza che questa antologia di disegni italiani dei maggiori maestri dal Rinascimento al Barocco sarà accolta dal pubblico israeliano anche come un'immagine degli Uffizi, una testimonianza della loro plurisecolare vitalità.

Ricordare la lunga storia degli Uffizi con una mostra di disegni tratti da una delle sue raccolte più antiche ed illustri, mi sembra quanto mai pertinente. Questi fogli rispecchiano, ai livelli più alti, la cultura, il gusto esigente, la varietà degli interessi collezionistici e la sicurezza delle scelte dei Medici e dei Lorena, cioè di coloro che, governando su Firenze, crearono e arricchirono gli Uffizi. Per l'importanza che a Firenze si riconobbe costantemente ai disegni dei grandi maestri, che i Medici non mancarono di raccogliere per quanto ne sappiamo fin dai tempi di Lorenzo il Magnifico, la raccolta dovette crescere in parallelo con le altre collezioni medicee fino ad assumere una eccezionale consistenza e a ricevere un primo ordinamento grazie all'appassionata dedizione di Leopoldo de' Medici. Infine, nel 1687, sotto Cosimo III, in un periodo in cui gli Uffizi si arricchirono di nuove meraviglie, la collezione dei disegni entrò a far parte effettivamente della Galleria.

Ma lascio alla direttrice del Gabinetto Disegni e Stampe Annamaria Petrioli Tofani il compito di ripercorrere la storia della raccolta e di illustrare i criteri della scelta effettuata d'intesa con la sua collega israeliana Signora Meira Perry-Lehmann. Qui basterà ricordare che a differenza di altre raccolte storiche della Galleria che vennero in seguito trasferite in nuove sedi museali, la collezione dei disegni fu sempre più valorizzata e riconosciuta come parte integrante degli Uffizi, legata necessariamente, e direi costituzionalmente, alle sue maggiori raccolte di pittura.

E' noto che proprio a Firenze il disegno fu considerato fin dagli albori del Rinascimento "il fondamento dell'arte" (Cennini). Giorgio Vasari, l'architetto degli Uffizi e uno dei primi grandi collezionisti di disegni, definì il disegno "padre delle tre arti nostre: Architettura, Scultura e Pittura", capace di cavare da molte cose "un giudizio universale". Anche in rapporto a questa tradizione concettuale ed operativa, una mostra come questa può farsi portatrice del più autentico messaggio artistico di Firenze e della Galleria che fu tra le più alte espressioni pubbliche e "universali" della sua storia culturale.

Luciano Berti
Soprintendente per i Beni Artistici
e Storici di Firenze

Presentazione

Per tradizione l'arte grafica costituisce fertile terreno di ricerca e di sperimentazione, spesso lavoro preparatorio a più alte ambizioni, ma anche, non meno necessario momento di felice libertà e di puro giuoco creativo.

L'artista che davanti al cavalletto o alla materia informe talvolta esita nel dubbio, più liberamente può avere modo di esprimersi nelle varie tecniche grafiche.

Pronte e naturali, esse meglio rispondono a quell'inquisire spazi e volumi, forme e relativi segni, che rappresenta la fase di ricerca precedente il momento descrittivo. E' il magico istante in cui la linea si fa protagonista mentre in tutta libertà si muove per cercare se stessa.

In questo senso va intesa la feconda produzione italiana che già dal Trecento lungo l'arco del Rinascimento e del periodo barocco arriva fino ai nostri giorni.

La ricerca grafica degli artisti italiani diventa studio dell'insieme di un'opera, spesso anche attraverso un particolare, perchè il disegno rappresenta la struttura portante che sorreggerà tutta la composizione, definendone attraverso le parti la sua totalità.

La presente mostra al prestigioso Museo Israele di Gerusalemme si propone di far conoscere ed apprezzare al pubblico israeliano questo aspetto dell'arte italiana in cui si possono individuare le forme basilari dalle quali si è sviluppata la contemporanea arte grafica italiana.

Prof. Panagiotis Kizeridis
Direttore
Istituto Italiano di Cultura, Tel Aviv

Come presentazione e ringraziamento

Questa mostra — e il catalogo che la accompagna — si prefiggono di conseguire due scopi: costituire un segno di modesta e ammirata partecipazione ai festeggiamenti con cui si celebra il quarto centenario della fondazione della Galleria degli Uffizi a Firenze, e ciò con un avvenimento artistico eccezionale in sé, che certo sarà considerato, in futuro, una delle pietre miliari più importanti nella storia di questo Museo Israele; e fornire al pubblico israeliano un'occasione di conoscere da vicino i tesori raccolti nel Gabinetto dei Disegni e delle Stampe della medesima Galleria degli Uffizi — tesori che nessuna parola di ammirazione riuscirà mai a valutarli quanto essi meritano.

La primissima iniziativa di questa mostra nacque un certo venerdi sera, a Gerusalemme, nel 1981, per merito della Sig.ra Hulda Liberanome, residente in Firenze ed attivissimo membro della Sezione Fiorentina dell'Associazione Amici Italia-Israele. Senza la sua instancabile opera in merito, questa mostra non sarebbe stata possibile. Alla Sig.ra Hulda Liberanome e a tutti gli altri nostri amici fiorentini, vada il nostro più cordiale ringraziamento.

Ai Colleghi della Galleria degli Uffizi — al Prof. Luciano Berti, Soprintendente ai Beni Artistici e Storici di Firenze, e alla Dott.ssa Annamaria Petrioli Tofani, Direttrice del Gabinetto dei Disegni e delle Stampe di quella Galleria, porgiamo qui le espressioni del nostro grato apprezzamento per il loro avere accettato di inviarci in visione una così ricca scelta di disegni, per presentarli in questa nostra mostra a Gerusalemme.

L'effettuazione pratica della mostra è stata resa possibile grazie all'accordo di scambi culturali tra Italia e Israele; e in quest'occasione ci sia permesso di esprimere al Governo Italiano la nostra gratitudine per la sua generosità.

S.E. Corrado Taliani, Ambasciatore d'Italia in Israele; il Prof. Panagiotis Kizeridis, Direttore dell'Istituto Italiano di Cultura e Consigliere per gli Affari Culturali presso l'Ambasciata d'Italia in Israele; il Sig. A. Ofek, ex-Consigliere per gli Affari Culturali e Scientifici presso l'Ambasciata di Israele in Italia — hanno valorosamente coadiuvato all'allestimento della mostra; ad essi vada il nostro vivo ringraziamento. Un vivo ringraziamento deve essere espresso anche al Prof. A. Ronen dell'Università di Tel Aviv, per i suoi preziosi consigli e per i suoi validi insegnamenti professionali. Infine, ringraziamo la Sig.ra Judith Inbar, del Consiglio Pubblico Nazionale per la Cultura e l'Arte, e la Sig.ra Aviva Briskman, del Dipartimento per le Relazioni Culturali e Scientifiche del Ministero degli Esteri di Israele, che hanno seguito il progetto e lo hanno fedelmento appoggiato fino dai suoi primi inizi.

Dott. Martin Weyl
Direttore
Museo Israele, Gerusalemme

Introduzione

I criteri che hanno presieduto alla scelta di questi cinquanta disegni che il Gabinetto Disegni e Stampe degli Uffizi di Firenze invia in mostra al Museo Israele di Gerusalemme, possono riassumersi in due punti fondamentali: da una parte si è tentato di ricostruire nelle sue tappe più significative quella che è stata la linea di evoluzione del disegno italiano dalla fine del secolo XV fino a tutto il Seicento; dall'altra si è inteso offrire al pubblico israeliano un'immagine il più possibile aderente di questa raccolta fiorentina, dei suoi principali aspetti e dei nuclei fondamentali in cui essa si articola.

La collezione grafica degli Uffizi che è, nel suo genere, la più antica e la più ricca in Italia, comprende sia disegni che stampe e trae origine, come del resto tutti gli altri settori del patrimonio artistico di questo famoso museo, dal patrimonio privato e dagli interessi collezionistici della famiglia Medici che per più di due secoli ha retto le sorti economiche e politiche di Firenze. La storia della raccolta può esser fatta risalire molto indietro nel tempo, anche se si sono purtroppo perduti gli strumenti documentari per ricostruirne in maniera attendibile le vicende più antiche: la sola cosa che possiamo oggi affermare con una certa sicurezza, sulla base di sporadici accenni che di tanto in tanto si incontrano nella letteratura artistica, è che i Medici possedevano opere d'arte grafica già dai tempi di Lorenzo il Magnifico (1449-1492) e che nel corso del Cinquecento hanno continuato a dedicare loro una crescente attenzione, se non altro con i granduchi Cosimo I (1519-1574) e Francesco I (1541-1587).

Si può dunque supporre che attraverso i vari passaggi ereditari un nucleo tradizionale rimasto legato all'asse principale della famiglia sia venuto costituendosi abbastanza presto, anche se esso ha certamente subito, almeno agli inizi, continue alterazioni e cambiamenti dovuti a contingenze di varia natura che sono state causa di volta in volta sia di sottrazioni che di aggiunte. Da una parte i doni, gli scambi (che sono sempre stati prassi corrente tra i collezionisti di ogni tempo), il naturale deperimento di un materiale tanto delicato come la carta, le distruzioni massicce e i depredamenti seguiti ad eventi bellici o a sommovimenti politici; dall'altra gli incrementi che potevano esser costituiti dall'acquisizione non solo di singoli pezzi, ma anche di fondi consistenti, quando addirittura non di intere collezioni. Tra le acquisizioni più importanti e storicamente accertate avvenute durante il Cinquecento, si ricordano il volume di disegni che gli eredi del celebre storico, artista e collezionista Giorgio Vasari (1511-1574) regalarono a Francesco I, e la serie importantissima degli studi dell'architetto rinascimentale Antonio da Sangallo il Vecchio (1455-1534) che nel 1574 pervennero in dono al medesimo granduca.

Tutto ciò, in ogni modo, fa parte di quella che possiamo definire la preistoria della collezione, data l'impossibilità, tranne poche eccezioni, non solo di rintracciare le singole opere all'interno dei fondi attuali, ma anche, spesso, di stabilire se e in quale misura questi nuclei più antichi vi si trovino tuttora. Si tenga infatti presente che a più riprese durante i secoli successivi, i Medici prima e i Lorena poi, hanno promosso varie campagne di riordinamento e totale ristrutturazione della raccolta: campagne che hanno purtroppo implicato la totale distruzione dei montaggi più antichi, i quali avrebbero oggi costituito il principale punto di riferimento per la ricostruzione della storia esterna delle singole opere e per l'accertamento della loro provenienza.

In epoca storica si entra invece nella seconda metà del secolo XVII con Leopoldo dei Medici (1617-1675), il fratello del granduca Ferdinando II che nel 1667 vestì l'abito cardinalizio. Uomo di grande intelligenza e di profonda cultura umanistica e scientifica, nel corso di tutta la sua vita egli profuse ingenti ricchezze per raccogliere nei propri appartamenti di palazzo Pitti una straordinaria collezione artistica comprendente tra l'altro circa dodicimila disegni. La responsabilità della conservazione e dell'ordinamento scientifico di questi ultimi venne da lui affidata ad una delle persone più competenti e più in vista negli ambienti artistici dell'epoca; lo storico Filippo Baldinucci (1625-1696), al quale si deve anche la compilazione di un primo, per quanto stringato, catalogo dei preziosissimi fogli affidati alla sua cura. Da questo momento in avanti la collezione grafica, che chiaramente aveva già assunto una propria fisionomia specialistica rispetto agli altri rami del collezionismo mediceo (i dipinti, le sculture, eccetera), inizia anche una vita in certo senso autonoma ed indipendente da quelli, crescendo al loro fianco ma non più nelle forme di stretta simbiosi che si avevano in precedenza.

Il nucleo formato dal cardinal Leopoldo, che aveva quasi sicuramente assorbito anche la più antica raccolta medicea e nel quale erano successivamente confluite le proprietà di altri membri della famiglia, agli inizi del Settecento dalla residenza privata dei Medici a palazzo Pitti venne trasferito nella Galleria degli Uffizi; in una sede, cioè, che, se non può certo esser definita pubblica nel significato corrente del termine, era tuttavia quella in cui il patrimonio artistico dei regnanti toscani riceveva una sorta di consacrazione ufficiale e, perdendo il carattere di collezione privata, veniva in certo senso ad assumere la condizione di proprietà dello Stato. Anche i disegni, quindi, come già era successo per altri tipi di opere, diventavano non solo occasione di orgoglio e di prestigio dinastico, ma anche materia di studio per coloro che chiedevano di consultare i volumi in cui il Baldinucci li aveva raccolti con un criterio rigorosamente storico, ordinandoli cioè per secoli e per scuole.

Possiamo seguire l'evoluzione successiva della raccolta attraverso una documentazione estesa ed articolata, che si va tra l'altro arricchendo quasi di giorno in giorno, man mano che procedono le ricerche archivistiche promosse in questi ultimi anni; una evoluzione che fortunatamente, per i secoli successivi è quasi esclusivamente segnata da incrementi, talvolta anche molto consistenti.

Nel 1737, con la morte di Gian Gastone (1671-1737), si estingueva la dinastia medicea e saliva sul trono di Toscana Francesco Stefano di Lorena, col quale l'ultimo discendente della famiglia — l'Elettrice Palatina Anna Maria Luisa — riuscì a stipulare una convenzione che legava per sempre alla città di Firenze tutti i tesori d'arte raccolti dai suoi antenati in più di due secoli. Merito di tale convenzione è quello di avere eliminato ogni possibile rischio di dispersione di questo ingente patrimonio, che i Lorena peraltro contribuirono ad arricchire in maniera non indifferente. Basti citare, limitatamente al settore grafico, alcuni degli acquisti fatti al tempo del granduca Pietro Leopoldo (1747-1792), come quello di ottocento disegni di figura, otto volumi di disegni architettonici e ottomila stampe antiche già appartenuti alla collezione cinquecentesca di Niccolò Gaddi, i più di tremila disegni comprati dagli eredi di Jgnazio Hugford, e i più di mille provenienti dalla collezione Michelozzi. Grazie a queste ed ad altre acquisizioni, la raccolta degli Uffizi risulta aver raggiunto le circa ventimila unità negli ultimi decenni del Settecento, quando venne compilato un inventario manoscritto in quattro volumi che, per la prima volta, fornisce una panoramica molto chiara anche se non completa sulla sua consistenza e sulla maniera in cui essa si trovava strutturata.

Nel secolo diciannovesimo un evento di grande portata storica come la costituzione del Regno d'Italia (1860) del quale la Toscana entrò a far parte, ebbe fondamentali ripercussioni anche sulle collezioni d'arte mediceo-lorenesi che diventarono patrimonio pubblico a tutti gli effetti; ed è a questo momento che risale anche, praticamente, la data di nascita del Gabinetto Disegni e Stampe degli Uffizi inteso come organismo investito non solo di scopi di conservazione e tutela, ma anche di compiti di studio e diffusione culturale: compiti che portarono alla pubblicazione dei primi cataloghi a stampa nel 1881, 1885 e 1890 e, poco dopo, all'organizzazione delle prime mostre scientifiche.

Questo cambiamento di condizione giuridica produsse nella sostanza effetti molto positivi anche da altri punti di vista poiché, se da una parte i Savoia per tutta la durata del loro regno si sono costantemente disinteressati di questa istituzione fiorentina della quale probabilmente ignoravano perfino l'esistenza, si verifica dall'altra, nei decenni immediatamente successivi all'unità d'Italia, una vistosa crescita di un fenomeno che aveva avuto fino allora proporzioni piuttosto irrilevanti: quello delle donazioni. Donazioni che da ora in avanti provengono non solo dai collezionisti — eccezionale sotto ogni aspetto fu quella di circa tredicimila disegni antichi regalati da Emilio Santarelli nel 1866 — ma dagli stessi artisti alcuni dei quali, dagli architetti Giuseppe Martelli e Pasquale Poccianti ai pittori Antonio Ciseri e Stefano Ussi, cominciano praticamente da ora a vedere nella istituzione pubblica la destinazione più consona della loro produzione grafica, ben rendendosi conto del grande significato che quest'ultima veniva ad assumere come documento della loro vicenda storica e artistica, proprio se tenuta unita in una struttura dotata di mezzi di conservazione e divulgazione. Ed è all'istituto della donazione, assai più che a quello dell'acquisto, che restano a tutt'oggi affidate le maggiori possibilità di incremento di questa raccolta, il cui patrimonio ammonta ormai a un totale, tra disegni e stampe, di più di centodiecimila opere.

In questo gruppo i meglio documentati sono, come è ovvio, gli artisti fiorentini e toscani ai quali, per il solo Cinquecento, gli Inventari attuali della collezione attribuiscono circa diecimila disegni. Vengono quindi, anche se a una certa distanza, i veneti, che ricevettero particolare attenzione dall'occhio esperto e dal gusto collezionistico di Leopoldo dei Medici; e di seguito le altre scuole italiane — la genovese, la romana, la bolognese, la napoletana ecc. — tutte assai ben rappresentate, anche se meno estesamente delle precedenti. Di minor rilievo, per quanto numericamente consistente e punteggiato da alcuni famosi capolavori, risulta il fondo dei disegni stranieri, soprattutto per il fatto di essere più degli altri turbato da squilibri e vistose lacune.

Di un tale stato di fatto si è cercato di tener conto nell'ordinamento della mostra, che è stata limitata appunto agli artisti italiani (tra i quali sono stati percentualmente privilegiati i fiorentini) e ai secoli meglio documentati per ricchezza e livello qualitativo delle opere. In tal modo si è potuti pervenire a una scelta molto variata che, partendo dal Rinascimento, illustra i più importanti settori del Manierismo per concludersi, dopo aver toccato la corrente classicista capeggiata dai Caracci, nella grande esplosione del disegno barocco; ciò attraverso una esemplificazione che, fatti salvi i criteri di conservazione, è stata tenuta ai più alti livelli di qualità.

Annamaria Petrioli Tofani
Direttrice del Gabinetto Disegni e Stampe degli Uffizi, Firenze

Catalogo

Il catalogo è ordinato secondo la scrittura ebraica — da destra a sinistra.

I dati inerenti alle misure dei disegni sono riferiti qui in millimetri. I primi si riferiscono all'altezza, i secondi alla larhezza.

Il numero che figura dopo i dati bibliografici, è il numero di registrazione della Galleria degli Uffizi.

למלאות 400 שנה לייסוד גלריית אופיצי, פירנצה

מוזיאון ישראל, ירושלים

על העטיפה: ליאונרדו דה וינצ'י, ראש איש צעיר (קט' מס' 1)

מחקר וטקסט: אנהמאריה פטריולי טופאני, גלריה אופיצי, פירנצה
אוצרות אחראיות: מאירה פרי־להמן, רות אפטר־גבריאל

עיצוב הקטלוג: נירית צור
תצלומים: פאולו נאנוני, גלריה אופיצי, פירנצה
תרגום מאיטלקית: גאיו שילוני, ראשון־לציון
עריכה לשונית: אפרת כרמון
ביצוע: ריקי קיבל

סדר: צמרת וכנהאוזר
הפרדות צבעים: סקנלי בע"מ, תל־אביב
לוחות: טפשר בע"מ, ירושלים
נדפס במפעלי בן־צבי, ירושלים ובגרפיקה אמנים בע"מ, תל־אביב

הקטלוג רואה אור בעזרתם האדיבה של

הברונית גבי בנטינק
משפחת גולדין
ג'ון ופול הרינג
איאן וודנר
רונלד לאודר
מרטין פרץ
מר רוברטו קונסטנטינר
אליס מ' קפלן
הרמן שיקמן
יוג'ין ת'ו

תודת מוזיאון ישראל נתונה למשרד החוץ
ולמשרד החינוך והתרבות על עזרתם האדיבה.

רישומי מופת מגלריית אופיצי

התערוכה בחסות ממשלות איטליה וישראל
במסגרת הסכם התרבות בין שתי המדינות

המארגנים:

מוזיאון ישראל, ירושלים
לשכת הפיקוח על המורשת האמנותית וההיסטורית (לשכת הרישומים וההדפסים שליד גלריית אופיצי), פירנצה
שגרירות איטליה בישראל
המכון האיטלקי לתרבות

בחסות:

משרד החוץ, איטליה
המשרד לענייני המורשת התרבותית, איטליה
גלריית אופיצי, פירנצה
משרד החוץ, ישראל
משרד החינוך והתרבות, ישראל

חברי הוועדות באיטליה

ועדת הכבוד:

ה"מ ג'וליו אנדריאוטי, שר החוץ
ה"מ אנטונינו גולוטי, השר לענייני המורשת התרבותית
השגריר אלסנדרו קורטזה דה־בוזיס, מנכ"ל המחלקה ליחסי תרבות, משרד החוץ
ה"מ ד"ר קוראדו טאליאני, שגריר איטליה בישראל
ד"ר גוליילמו טריכס, מנכ"ל המחלקה לענייני עתיקות ואמנויות, המשרד לענייני המורשת התרבותית

הוועדה המארגנת:

פרופ' לוצ'יאנו ברטי, המפקח על ענייני המורשת ההיסטורית והאמנויות, פירנצה
פרופ' פאנאגיוטיס קיזרידיס, מנהל המכון האיטלקי לתרבות, תל־אביב
ד"ר רוזטה מוסקו אגרסטי, מנהלת המחלקה לאירועי תרבות בלשכת המנכ"ל לענייני העתיקות והאמנויות
ד"ר אלברטו די מאורו, נספח במכון האיטלקי לתרבות, תל־אביב

הוועדה המדעית:

ד"ר אנה פורלאני טמפסטי, ראש לשכת הפיקוח המרכזי במשרד לענייני המורשת התרבותית
ד"ר אנהמאריה פטריולי טופאני, מנהלת לשכת הרישומים וההדפסים שליד גלריית אופיצי, פירנצה

חברי הוועדות בישראל

ועדת הכבוד:

מר יצחק שמיר, ראש הממשלה ושר־החוץ
מר זבולון המר, שר החינוך והתרבות
מר טדי קולק, ראש עיריית ירושלים
מר איתן רון, שגריר ישראל באיטליה

הוועדה המארגנת:

מר אליעזר שמואלי, מנהל כללי, משרד החינוך והתרבות
מר דוד ריבלין, מנהל המחלקה לקשרי תרבות ומדע, משרד החוץ
גב' אביבה בריסקמן, המחלקה לקשרי תרבות ומדע, משרד החוץ
מר אברהם אופק, לשעבר נספח לענייני תרבות, שגרירות ישראל באיטליה
מר אבנר שלו, יו"ר הנהלת המועצה הציבורית לתרבות ולאמנות
גב' יהודית ענבר, המועצה הציבורית לתרבות ולאמנות

מוזיאון ישראל בירושלים ביקש לארח באולמותיו תערוכה של רישומים מן האוסף שבגלריית אופיצי אשר בפירנצה. בתערוכה זאת, המתקיימת במסגרת הסכם התרבות בין איטליה לישראל, התכוון מוזיאון ישראל לציין מלאות ארבע מאות שנה לייסוד גלריית אופיצי. בשמחה רבה נענינו לבקשה מירושלים, שהרי ברור לנו כי מבחר זה של רישומים, פרי עטם של גדולי האמנים האיטלקיים מן הרנסאנס ועד הבארוק, יציג לעיני הציבור הישראלי את תדמיתה של גלריית אופיצי וישמש עדות לחיוניותה הנמשכת, רבת־הדורות.

אכן, אין דרך יפה לספר את סיפור תולדותיה של הגלריה מאשר באמצעות תערוכה של רישומים, שנבחרו מתוך אוסף שהוא מן העתיקים והמפורסמים ביותר בגלריה שלנו. דפי־נייר אלה, במיטבם, משקפים את הטעם המעולה והקפדני, את האנינות התרבותית ואת רוחב־האופקים ובטחון הבחירה הנכונה שאפיינו את בני משפחת מדיצ'י ומשפחת לורנה — האנשים אשר בימי שלטונם על פירנצה הקימו את גלריית אופיצי והעשירו אותה באוצרות כה רבים. דומה שהחשיבות שייחסה פירנצה מאז ומתמיד לרישומים שיצרו האמנים הגדולים (בני מדיצ'י לא חדלו לאסוף אותם, עד כמה שידוע לנו, מאז ימיו של לורנצו "המפואר"), היא שהביאה לכך שהאוסף הזה גדל במקביל לשאר האוספים, עד שהגיע לממדיו העצומים ועד שזכה לעריכתו הראשונה הודות למסירותו הנלהבת של ליאופולדו לבית מדיצ'י. לבסוף — ב־1687, בימי שלטונו של קוזימו השלישי, כאשר נוספו לגלריית אופיצי יצירות נפלאות חדשות — צורף אוסף הרישומים לגלריה עצמה והיה לחלק בלתי־נפרד ממנה.

אולם אניח למנהלת לשכת הרישומים וההדפסים של גלריית אופיצי, היא אנהמאריה פטריולי טופאני, לתאר את דרך היווצרותו של האוסף ואת אמות־המידה שהדריכו אותה בבחירת הרישומים שנועדו להישלח לירושלים (בחירה שנעשתה בתיאום עם העמיתה שלה בישראל, מאירה פרי־להמן). די יהיה אם נציין כאן, שאוסף הרישומים לא הועבר מעולם מגלריית אופיצי למקום אחר, כמו אוספים היסטוריים אחרים מאותה גלריה; יתר על כן, הוכר מלוא ערכו כחלק בלתי־נפרד של הגלריה, בהיותו קשור (הייתי מעז לומר, "מטבע ברייתו") לאוספי הציורים החשובים ביותר בה. מן הנודעות היא כי בפירנצה נחשבה אמנות הרישום, כבר מתחילת ימי הרנסאנס, ל"יסוד האמנות כולה" (כדבריו של צ'ניני). ג'ורג'ו ואזארי, האדריכל שתכנן את בניין האופיצי ואשר היה מראשוני אספני הרישומים, ראה את הרישום כ"אבי שלוש האמנויות שלנו: האדריכלות, הפיסול והציור". הוא ציין גם כי הרישום מסוגל להסיק מתוך דברים רבים "שיפוט אוניברסלי". ברור אפוא, כי גם באשר למסורת המושגית והמעשית הזאת תוכל התערוכה להביא אתה את המסר האמנותי האמיתי ביותר הן של פירנצה והן של גלריית אופיצי; הלוא מאז ומתמיד נחשבה הגלריה בין הגילויים הציבוריים וה"אוניברסליים" ביותר של תרבות העיר פירנצה במרוצת כל תולדותיה.

לוצ'יאנו ברטי
המפקח על המורשת האמנותית וההיסטורית
של פירנצה

עם פתיחת התערוכה

אמנות הגרפיקה היא בבחינת בסיס ותשתית שעליהם נבנות פעולות חיפוש וניסוי. לעתים קרובות, מהוות פעולות אלו הכנה ליצירות מחייבות יותר. אולם מלבד כל אלה, מציעה אמנות הגרפיקה גם הזדמנות — חשובה לא פחות — לביטוי של חרות־יוצרים, לאפשרות של משחק יצירתי לשמו.

האמן אשר מול כן־הציירים או לנוכח חומר־הגלם נתפס, לעתים, להיסוס, מוצא בטכניקות השונות של הגרפיקה אפשרות לביטוי חופשי יותר. טכניקות הגרפיקה, שהן זמינות וטבעיות, מיטיבות לתת תשובה לאותו ביקוש של חלל ומרחב, של צורות וסימניהן, המהווה את שלב־החיפוש שקודם לשלב התיאור. זהו הרגע הקסום, שבו הקו עצמו הוא־הוא גיבור העלילה, בשעה שהוא נע חופשי ומחפש את עצמו.

בהקשר זה עלינו לגשת אל מכלול היצירה הגרפית שבוצעה באיטליה למן המאה הי"ג, דרך תקופת הרנסאנס והבארוק, ועד ימינו־אנו.

עבודת החיפוש של האמנים האיטלקיים בשטח הגרפיקה מהווה, למעשה, רישום־הכנה לקראת ביצוע יצירה מקיפה; והדבר נעשה, לעתים קרובות, גם באמצעות עיבוד אחד מן הפרטים הרבים של היצירה, שהרי הרישום מהווה את התשתית שעליה תישען היצירה כולה — אותה יצירה שהרישום בא להגדיר את כלליותה על־ידי הגדרת כל פרט ופרט שבה.

כוונתה של תערוכה זו — המתקיימת במוזיאון ישראל רב־היוקרה — להציג בפני הציבור הישראלי מגזר מסוים של אמנות איטליה, מגזר שיאפשר להבחין בצורות הבסיסיות שמהן התפתחה האמנות הגרפית האיטלקית בימינו־אנו — כדי שהציבור יוכל להעריכו כראוי לו.

פרופסור פאנאגיוטיס קיזרידיס
מנהל המכון האיטלקי לתרבות, תל־אביב

הקדמה ותודות

התערוכה המוצגת בזה והקטלוג הנלווה אליה באו למלא מטרה כפולה: לציין מתוך רחשי־כבוד את השתתפותנו בחגיגות לרגל מלאות ארבע מאות שנה לגלריית אופיצי — מאורע חגיגי מאין־כמוהו, העתיד להיזכר בתולדותיו הקצרות של מוזיאון ישראל — ולתת הזדמנות לציבור הישראלי להתוודע אל אוצרותיה של לשכת הרישומים וההדפסים של הגלריה, אוצרות אשר אין להגזים בטיבם ובערכם.

היזמה הראשונית לתערוכה זו באה ערב שבת אחד בירושלים, בשנת 1981, מאת הגב' חולדה ליברנומה, תושבת העיר פירנצה וחברה פעילה בסניף המקומי של אגודת הידידות איטליה־ישראל. ואכן, ללא מאמציה הבלתי־נלאים, לא היתה תערוכה מפוארת זו קורמת עור וגידים. לחולדה, ולשאר ידידינו הנאמנים בפירנצה, שלוחה בזאת תודתנו החמה.

לעמיתינו אנשי גלריית אופיצי — פרופסור לוצ'יאנו ברטי, המפקח על ענייני המורשת ההיסטורית והאמנויות, ולד"ר אנהמאריה פטריולי טופאני, מנהלת לשכת הרישומים וההדפסים — מביעים אנו בזה את רגשות הוקרתנו על שהסכימו להשאיל מבחר מעולה זה של רישומים לתצוגה בירושלים. מימוש התערוכה נתאפשר הודות להסכם התרבות בין שתי המדינות. אסירי־תודה אנו לממשלת איטליה על מחווה זה של נדיבות מצדה.

ה"מ ד"ר קוראדו טאליאני, שגריר איטליה בישראל; פרופסור פאנאגיוטיס קיזרידיס, מנהל המכון האיטלקי לתרבות בתל־אביב; ומר אברהם אופק, לשעבר נספח לענייני תרבות בשגרירות איטליה בישראל — הואילו כולם בטובם לסייע בהגשמת התערוכה; אסירי תודה אנו להם. כן יש ברצוננו להביע את תודתנו לפרופסור אברהם רונן מאוניברסיטת תל־אביב על הערותיו המועילות הרבות ועל עצותיו המקצועיות המאלפות. ולבסוף, טובה רבה מכירים אנו לגב' אביבה בריסקמן, מן המחלקה לקשרי תרבות ומדע במשרד החוץ, ולגב' יהודית ענבר, מן המועצה הציבורית לתרבות ולאמנות, על שליוו את הפרוייקט בנאמנות ותמכו בו מראשיתו ועד להשלמתו המוצלחת.

ד"ר מרטין וייל
מנהל מוזיאון ישראל, ירושלים

מבוא

רישומים אלה — חמישים במספרם — אשר לשכת הרישומים וההדפסים שליד גלריית אופיצי בפירנצה שלחה לירושלים כדי שיוצגו כאן, במוזיאון ישראל, נבחרו על־פי שני שיקולים: מצד אחד נעשה נסיון לשחזר, בעזרת דוגמאות מייצגות, את דרך התפתחותה של אמנות הרישום באיטליה משלהי המאה הט"ו ועד סיום המאה הי"ז; מצד שני היתה כוונה להציג בפני הציבור הישראלי את האוסף שבפירנצה כפי שהוא כיום, את מהותו ואת היצירות החשובות ביותר שמהן הוא מורכב.

אוסף היצירות הגרפיות של גלריית אופיצי הוא העתיק והמשופע ביותר מסוגו באיטליה כולה ומכיל רישומים והדפסים כאחד; מקורו — ככל יתר האוספים שבגלרייה מפורסמת זו — מרכושה ומאוספיה האמנותיים של משפחת מדיצ'י, אשר בניה ניהלו במשך יותר ממאתיים שנה את ענייניה הכלכליים והמדיניים של פירנצה. תחילת תולדותיו של האוסף נעוצה בזמנים קדומים ביותר, אך לדאבון־לב אבדו המסמכים שבעזרתם ניתן היה לשחזר במהימנות את קורות האוסף מראשיתו. הדבר האחד שאפשר לומר כיום בבטחון־מה, על יסוד רמזים מקריים שאנו מוצאים בספרי אמנות, הוא שבני משפחת מדיצ'י החזיקו ברשותם יצירות גרפיקה כבר בימיו של לורנצו המפואר (1492-1449), וכן שבמרוצת המאה הט"ז הלכה וגברה התעניינותם בסוג זה של אמנות. כך היה, לפחות, בימי שלטונם של הדוכסים־הגדולים קוזימו הראשון (1574-1519) ופרנצ'סקו הראשון (1587-1541).

מותר לנו אפוא לשער, כי עם גלגוליו של האוסף מאב לבנו וממנו לצאצאיו אחריו, נוצר, כבר בעת מוקדמת למדי, הגרעין הראשון של האוסף הנוכחי; וכי גרעין ראשון זה נשאר תמיד ברשותו של הענף הראשי של משפחת מדיצ'י, גם אם בוודאי, מסיבות שונות, חלו בו — לפחות בתחילה — שינויים רבים: יצירות חדשות נוספו לו ואילו אחרות נגרעו. נגרעו מן האוסף יצירות שניתנו במתנה או אשר שימשו לחליפין (כנהוג בין אספנים בכל הזמנים), יחד עם כאלו שיצאו מן האוסף עקב בלאי (שאך דבר טבעי הוא לגבי עבודות על־גבי חומר עדין ומתכלה כנייר), וכן עקב הרס ושוד בעתות מלחמה או הפיכה. מצד שני, נכללו באוסף יצירות נוספות, ולא רק פריטים בודדים, אלא גם מכלולים רבי־חשיבות הן מן הבחינה הכמותית והן מן הבחינה האיכותית; ואף אוספים שלמים נקלטו לתוך אוסף בית מדיצ'י. בין הרכישות החשובות ביותר (שאפשר לוודא אותן היסטורית) במרוצת המאה הט"ז, יש לציין את כרך הרישומים שהעניקו יורשיו של ג'ורג'ו ואזארי — האמן, ההיסטוריון והאספן הגדול (1574-1511) — לפרנצ'סקו הראשון; וכן את הסדרה החשובה של מתווי־ההכנה, פרי עבודתו של האדריכל בן־הרנסאנס אנטוניו דה סאנגאלו האב (1534-1455), שהוגשה בשנת 1574 כשי לאותו דוכס־גדול.

כל האמור עד כאן מהווה, בעצם, רק חלק ממה שנוכל לכנות "טרום־היסטוריה" של האוסף. אכן, להוציא פריטים ספורים, אין כל אפשרות לקבוע כיום מהו מקורה של כל יצירה ויצירה שבאוסף. ולא זו בלבד, אלא לעתים קרובות אין גם אפשרות לקבוע האם גרעיני־אוסף עתיקים כאלה עדיין נמצאים בתוך חטיבה מסוימת של האוסף עצמו, ואם אמנם כן, אזי מהו משקלם בו. אל לנו לשכוח, שלא אחת ולא שתיים במשך מאות השנים הבאות ביצעו, תחילה בני מדיצ'י ובעקבותיהם בני לוֹרֶנָה שעלו אחריהם על כס השלטון בפירנצה, פעולות שחזור ורסטורציה שונות באוסף. פעולות אלו גררו עמן, לדאבון־לב, הרס מוחלט של מסגרות הקרטון העתיקות, והלא אלו יכלו לשמש לנו, כיום, נקודות־ציון חשובות לשחזור קורות היצירות טרם הגיען לאוסף ולבירור מוצאן ומקורן.

את קורות היווצרותו של האוסף לפריטיו ניתן לשחזר בדיוק היסטורי קפדני רק מימיו של ליאופולדו די מדיצ'י (1675-1617) והילך. נצר זה לבית מדיצ'י היה אחיו של הדוכס־הגדול פרדינאנדו השני, ובשנת 1667 נעשה לחשמן. היה זה אדם נבון מאוד, ספוג תרבות הומניסטית ומדעית שורשית, אשר כל ימיו השקיע סכומי כסף נכבדים ברכישת אמנות. הוא צבר כמות מדהימה של יצירות, בהן כשנים־עשר אלף רישומים, שאיכסן בחדריו אשר בארמון פיטי (הלא הוא "פאלאצו פיטי" המפורסם). את האחריות לשימור האוסף ולעריכתו המדעית הפקיד בידי אחד האנשים המיומנים והמפורסמים ביותר בחוגי האמנות בתקופתו — ההיסטוריון פיליפו באלדינוצ'י (1696-1625). ואכן, לאיש זה חבים אנו תודה על־כי חיבר קטלוג ראשון (אמנם מצומצם למדי) של הדפים היקרים שהופקדו בידיו. מרגע זה והילך החל האוסף להתפתח באופן עצמאי — לפחות במובן מסוים — לעומת יתר ענפי האספנות שבהם הצטיינו בני מדיצ'י (כגון הציור, הפיסול וכיו"ב). כבר לפני־כן ניכר היה שהאוסף הולך ועוטה אופי מתמחה מיוחד משלו; ומעתה והילך ניתק מן האוספים האחרים, ואם אמנם עוד הוסיף להתפתח לצדם, שוב לא היה זה מתוך אותה תלות הדדית שאפיינה אותו קודם.

גרעין האוסף שצבר החשמן ליאופולדו, ושבו נקלטו, כאמור — בכך אין כמעט כל ספק — הפריטים שהיו כלולים באוסף בית מדיצ'י הקדום יותר, ולאחר מכן נכללו בו יצירות שהיו שייכות לבני מדיצ'י אחרים, הועבר בתחילת המאה הי"ח ממעונה הפרטי של המשפחה — פאלאצו פיטי — לגלריית אופיצי. במלים אחרות, הוא הועבר עתה למקום שאם אמנם לא ניתן לכנותו "ציבורי" במובן המקובל, היה בכל אופן בכוחו להעניק לאוצר האמנות של שליטי טוסקאנה חותם של רשמיות מסוימת: כאן איבד את אופיו הפרטי והיה, במובן־מה, לרכוש המדינה. גם הרישומים, כסוגי האמנות האחרים, נעשו אפוא במשכנם החדש לא רק מקור של גאווה ויוקרה לשושלת שליטים, אלא אף נושא לימוד לכל אלה שביקשו לעיין בקבוצות ובמדורים הסדורים על־פי קני־מידה היסטוריים קפדניים, כפי שערך באלדינוצ'י את היצירות — הווה אומר סדרות־סדרות, בהתאם למאה שבה נוצרו ולאסכולות ולבתי־האולפנה שמהם יצאו.

נוכל לעקוב אחר התפתחות האוסף בשנים הבאות באמצעות תיעוד נרחב ומפורט, אשר כמעט מדי יום ביומו נוספים לו רבדים חדשים, פרי מחקרי־הארכיון שבהם הוחל באחרונה. למרבה המזל, המגמה הבולטת באוסף זה כשלוש מאות שנה היא מגמת הרחבה, לעתים ברכישות חשובות וגדולות ביותר.

בשנת 1737, עם מותו של ג'אן גאסטונה (1737-1671), בא קץ לשושלת בית מדיצ'י ועל כס השלטון בטוסקאנה עלה פרנצ'סקו סטפאנו לבית לורנה. אנה־מאריה לואיזה, שנשאה את תואר "אלטריצ'ה פאלאטינה" והיתה נצר אחרון לבית מדיצ'י, הצליחה לכרות עם השליט החדש הסכם, שלפיו יישארו כל אותן יצירות אמנות שאספו אבותיה ואבות־אבותיה במשך דורות לעולם בתחומי פירנצה ולא יוצאו ממנה לעד. בזכות הסכם זה ניצל אוצר האמנות החשוב הזה מפיזור; ולא זו בלבד, אלא גם בני לורנה הוסיפו לשקוד על העשרת האוסף. די יהיה אם נזכיר כמה מן הרכישות שבתחום הגרפיקה בלבד, שבוצעו בימיו של הדוכס־הגדול פייטרו ליאופולדו (1792-1747), ביניהן שמונה מאות רישומי דמויות, שמונה כרכי מתווים אדריכליים ושמונת אלפי הדפסים עתיקים שהיוו לפני־כן חלק מאוספו של ניקולו גאדי (המאה הט"ז); גם למעלה משלושת אלפי רישומים נקנו מיורשיו של איגנציוס היוגפורד, ועוד למעלה מאלף רישומים נרכשו מאוסף מיקלוצי. תודות לרכישות אלה ולאחרות מסוגן, כלל אוסף אופיצי כבר בשלהי המאה הי"ח, כאשר נערכה ספירת מצאי שרישומה ממלא ארבעה כרכים עבים, כעשרים אלף פריטים. ספירת מצאי זו מעניקה לנו לראשונה אפשרות לראייה ברורה ומקפת של האוסף, אף אם אינה חובקת־כל ואינה מלמדת על איכות החומר ועל הרכבו.

במאה הי"ט חל מאורע היסטורי כביר שהיו לו השלכות חשובות גם על מצבם של אוספי האמנות ממורשת בתי מדיצ'י ולורנה: בשנת 1860 אוחדה איטליה לממלכה אחת, שבה נכללה גם טוסקאנה. בכך נעשו עתה האוספים רכוש הכלל במלוא מובן המלה. בתקופה זו נוצר הגוף המתכנה "לשכת הרישומים וההדפסים שליד גלריית אופיצי" ויועד לו לא רק תפקיד שימור היצירות ופיקוח על מצבן, אלא גם לימוד החומר והפצת התרבות. תפקידים אלה הם־הם שהביאו לפרסומם של הקטלוגים הראשונים שיצאו בדפוס — ב־1881, 1885 ו־1890. זמן קצר לאחר מכן נערכו התצוגות המדעיות הראשונות.

השינוי במצבו החוקי של האוסף הביא, למעשה, לתוצאות חיוביות מאוד גם מבחינות נוספות. אמנם השליטים מבית סבויה הפגינו במשך כל ימי שבתם על כס מלכות איטליה אדישות גמורה לגבי האוסף הפלורנטיני (וייתכן מאוד שאף לא ידעו כלל על קיומו), אך בשנים שלאחר איחודה של איטליה קרה דבר חשוב, שעד אותו יום לא נודעה לו אלא חשיבות מוגבלת בלבד: מעתה והילך זרמו אל האוסף מתנות רבות, מהן שניתנו כשי מידי אספנים ויורשיהם ומהן — מידי היוצרים עצמם. לציון מיוחד ראויה תרומת כשלושה־עשר אלף רישומים עתיקים, פרי עבודתו של אמיליו סאנטרלי, שניתנה לאוסף ב־1866. בין האמנים שתרמו מיצירותיהם לאוסף יש לזכור במיוחד את האדריכלים ג'וזפה מארטלי ופאסקואלה פוצ'אנטי, ואת הציירים אנטוניו צ'יזרי וסטפאנו אוסי. האמנים החלו לראות באוסף שבאופיצי את המקום המתאים ביותר לשימור יצירותיהם שבתחום הגרפיקה. הם גם הבינו היטב שיצירותיהם יזכו לחשיבות רבה, במיוחד כתעודות המעידות על קורות יוצריהן בכלל ובתולדות האמנות בפרט, דווקא אם יוחזקו במבנה המיוחד לכך, המצויד בכל האבזרים הדרושים לשימור היצירות ולהפצת הידע עליהן ברבים. עד היום הדרך העיקרית להרחבת האוסף ולהעשרתו היא באמצעות תרומות ומתנות (ולאו־דווקא רכישות). מספר היצירות שבאוסף — רישומים והדפסים כאחד — מגיע כיום לכדי יותר ממאה אלף פריטים.

לגבי תיעוד היצירות שבאוסף, כפי שאפשר היה לשער מראש, התיעוד המלא ביותר הוא זה הנוגע ליצירותיהם של אמנים מטוסקאנה, ובפרט מפירנצה. מן המאה הט"ז בלבד נמצאים כיום באוסף כעשרת אלפי רישומים פרי עבודתם. מקום חשוב תופסים באוסף גם האמנים בני מחוז ונציה, שעל צירוף יצירותיהם חבים אנו תודה לעינו החדה ולטעמו המעודן של ליאופולדו לבית מדיצ'י. באוסף מיוצגות גם — אם כי במידה פחותה — כל יתר אסכולות הרישום האיטלקי: אסכולת גנואה, בולוניה, נאפולי וכך הלאה. בולטות פחות בכמותן, אך לא באיכותן, הן יצירות האמנים הלא־איטלקיים. ביניהן ניתן למצוא רישומים מן המעולים והמפורסמים ביותר; אולם חלק זה שבאוסף לוקה ברציפותו, יחסית.

מצב עניינים זה באשר למקור היצירות שבאוסף הובא בחשבון בעת בחירת הרישומים לתצוגה בירושלים. המבחר הוגבל אפוא רק ליצירות אמנים איטלקיים (ומביניהם הועדפו כמובן בני אסכולת פירנצה) וליצירות מתקופות שלגביהן התיעוד מלא יותר. ובכל זאת ניתן היה בהחלט להגיע למבחר מגוון מאוד. אכן, מבחר היצירות שבתצוגה הירושלמית פותח בתקופת הרנסאנס, מייצג את המגזרים החשובים ביותר של מגמת ה"מאנייריזם", ולאחר שנגע במגמה הקלאסיציסטית אשר בראשות שני אמנים בשם קאראצ'י, מסתיים בהתפרצותה האדירה של מגמת הרישום הבארוקית. כל זה נעשה בעזרת דוגמאות ותוך הקפדה — ככל האפשר בהתחשב בשיקולי שימור היצירות — על רמת איכות גבוהה ביותר.

אנהמאריה פטריולי טופאני
מנהלת לשכת הרישומים וההדפסים שליד גלריית אופיצי,
פירנצה

קטלוג

כל המידות נתונות במילימטרים; הגובה קודם לרוחב.
מספר הרישום של התמונה בגלריה אופיצי מופיע לאחר שמה באיטלקית.

ליאונרדו דה וינצ׳י

וינצ׳י (פירנצה), 1452 - אמבואז, 1519

1 **ראש איש צעיר**

חוד־כסף על נייר בעל מצע אפור מעובד, 130x162

Leonardo da Vinci

Vinci (Firenze), 1452 – Amboise, 1519

Testa giovanile, n. 425 E

Punta d'argento, carta preparata grigia, 162x130

Bibl.: *Disegni Italiani della Galleria degli Uffizi,* Tokyo 1982, n. 9.

רישום יפה זה בוצע בטכניקת חוד־הכסף, המעודנת והקשה לביצוע, שהיתה נפוצה מאוד בין אמני הרנסאנס ובעיקר בפירנצה. ניתן להבחין בו באלמנטים רבים האופייניים לדרכו הפיגורטיבית של ליאונרדו — למשל ״הקו הנמוג״ וה״ספומאטו״ (sfumato) המפורסם. כן אופייניים לאמן זה אי־השקט הנפשי המשוך על הכל, והעצמה הדינמית של אפקט האור, הבונה בבטחה את הדמות בתוך חלל אוורירי ורוטט. ייתכן שהרישום ״שופץ״ בתקופה מאוחרת יותר; ואכן, ניתן להבחין בהתקשחות כלשהי של קו־הרישום, למשל בקווי־המתאר שמסביב הפנים או העפעפיים.

פיליפינו ליפי

פראטו, 1457 בקירוב - פירנצה 1504

2 **שתי דמויות גברים, האחת כורעת והשנייה עומדת**

חוד־כסף, גואש לבן, על־גבי נייר בעל מצע אפור מעובד, 247x239

Filippino Lippi

Prato, 1457 circa – Firenze, 1504

Due figure maschili, una inginocchiata e una in piedi, n. 171 E

Punta d'argento, biacca, carta preparata grigia, 239x247

Bibl.: M. Fossi, *Mostra di disegni di Filippino Lippi e Piero di Cosimo,* Firenze 1955, p. 4, n. 5.

הדינמיות העצבנית של הדמויות, ששורטטו על־גבי הנייר בקווים מהירים ומעמיקים, מראה שהאמן זנח כאן את הסגנון המתמשך ורב־הפרטים שאפיין את אמנות המאה הט״ו. הוא כמו הצטרף כאן, בטרם־עת, לחיפושי הסגנון שעתידים היו להעסיק את אמני המאנייריזם. בשנים 1485-1484 סיים פיליפינו את העבודה על סדרת הפרסקות בקאפלה בראנקאצ׳י שבכנסיית הקארמינה בפירנצה, אשר החלו בהן, כשישים שנה לפניו, מאסולינו ומאסאצ׳ו. על־סמך שיקולים סגנוניים ניתן לשייך את הרישום הזה (שהוא חלק מקבוצה גדולה של רישומי־הכנה לדמויות העשויים בטכניקה דומה) לתקופת סיום ציור הפרסקות האלה או לשנים אחדות בלבד לאחר מכן.

לורנצו די קרדי

פירנצה, 1459 - פירנצה, 1537

3 **ישו התינוק יושב על כרית**

חוד־כסף, גואש לבן, על־גבי נייר בעל מצע ורוד מעובד, 183x283

Lorenzo di Credi

Firenze, 1459 – Firenze, 1537

Gesù bambino seduto su un cuscino, n. 513 E

Punta d'argento, biacca, carta preparata rosa, 283x183

Bibl.: B. Berenson, *I Disegni dei Pittori Fiorentini,* Milano 1961, vol. II, p. 128.

הרגשיות העדינה של הדמות, המשורטטת בקו עז ומודגשת בהבהקה של המְשְׁטָחִים, טיפוסית לכל יצירתו הפיגורטיבית של לורנצו די קרדי. רישום זה הוא מן היפים והמפורסמים שיצאו מתחת ידיו. אף כי אין למצוא דמות זהה בשום ציור ידוע אחר של די קרדי, כמעט בטוח שהיצירה שלפנינו היא רישום־הכנה לאחד מציוריו הרבים המתארים את ה״מאדונה עם ישו התינוק״, המצויים כיום במוזיאונים ובאוספים רבים.

מיכלאנג׳לו בואונרוטי

קאפרזה, 1475 - רומא, 1564

4 **ראש גבר ורגליים**

אבן־פחמן, נייר לבן, 280x432

Michelangelo Buonarroti

Caprese, 1475–Roma, 1564

Studio di testa maschile e di gambe, n. 18718 F

Matita nera, carta bianca, 432x280

Bibl.: P. Barocchi, *Michelangelo e la sua Scuola. I disegni di Casa Buonarroti e degli Uffizi,* Firenze 1962, vol. I, pp. 32–33, n. 21.

בקווים ספורים בלבד, אך בעצמה נדירה, רשם כאן מיכלאנג׳לו דמות המצויה בפרסקו הגדול שבתקרת הקאפלה הסיסטינית (אשר צייר בשנים 1512-1508). ואכן, הצדודית דומה ביותר לצדודיתו של יחזקאל הנביא שבקפלה הסיסטינית ואילו הרגליים דומות לרגליה של אחת הדמויות העירומות שבקאפלה. יש משערים שבצדודית רבת־עצמה זו תיאר מיכלאנג׳לו את דיוקנו של האפיפיור יוליוס השני. אפיפיור זה הזמין מידי האמן פרוייקטים אחדים, ביניהם הקבר המפורסם שמיכלאנג׳לו החל לבנות ומעולם לא סיימו. לעיטור הקבר הזה היו מיועדים פסלי ״השבויים״, הפזורים כיום בין גלריית האקדמיה בפירנצה ומוזיאון הלובר בפאריס, וכן פסל ״משה״, הנמצא כיום בכנסיית סאן פייטרו אין וינקולי ברומא.

פרא ברטולומיאו דלה פורטה

סאביניאנו (פראטו), 1472 - פירנצה, 1517

5 **עליית הבתולה השמימה**

עט על־גבי נייר לבן, 223x238

Fra Bartolommeo della Porta

Savignano (Prato), 1472 – Firenze, 1517
L'Assunzione della Vergine, n. 464 E
Penna, carta bianca, 238x223
Bibl.: H. von der Gabelentz, *Fra Bartolommeo und die Florentiner Renaissance,* Leipzig 1922, vol. II, pp. 65–66, n. 127.

יצירתו של פרא ברטולומיאו היתה לגבי אמני פירנצה בני דורו ובני הדור שלאחריו בבחינת נקודת־ציון חשובה: היא סיפקה להם דוגמה טובה ביותר כיצד לשבץ רגשות אנוש פשוטים ויומיומיים בתבניות ובקומפוזיציות בעלות איזון קלאסי ומונומנטליות חגיגית. בכך הציע ברטולומיאו גישה חליפית מעניינת לפתרונות ההירואיים והעל־אנושיים שהציעו לפניו רבי־אמנים כליאונרדו ומיכלאנג'לו. הרישום היפה והמלוטש שלפנינו, שבו עיבד האמן את התכנית לחלק העליון של לוח־המזבח עם תמונת "עליית הבתולה השמימה", הנמצא כיום במוזיאון ברלין, הוא דוגמה לגישה חדשה זו. זמנו, כנראה, תחילת המאה הט"ז. ההשראה למעגל המלאכים הרוקדים נשאבה בוודאי ממעגל דומה שבציור "הכתרת הבתולה" של בוטיצ'לי, המוצג כיום בגלריית האקדמיה בפירנצה, אך במקורו היה מוצב על המזבח הראשי בכנסיית סאן מארקו, הסמוכה למנזר שבו חי פרא ברטולומיאו.

6 **שלוש דמויות עומדות**

אבן־פחמן, גיר לבן, על־גבי נייר חום בהיר, 275x391

Studio di tre figure in piedi, n. 357 F
Matita nera, gessetto bianco, carta marroncina, 391x275
Bibl.: H. von der Gabelentz, *Fra Bartolommeo und die Florentiner Renaissance,* Leipzig 1922, vol. II, pp. 38–39, n. 51.

המונומנטליות יוצאת־הדופן של הדמויות (שכמותה אפשר אולי למצוא אצל מיכלאנג'לו), מרמזת על כך שהרישום שייך לתקופה מאוחרת למדי בחייו של האמן, אולי התקופה שבה עבד על הציור "השליחים" (1514, כיום בפינאקוטקה ואטיקנה), או על "תחייתו של ישו" (1516, כיום בגלריה פאלאטינה בפירנצה). לא ברור אם הרישום בוצע כתרגיל חד־פעמי או כהכנה לציור מסוים. בכל אופן, לא ידוע לנו על שום ציור מציוריו של האמן שבו חוזרת ומופיעה אפילו אחת משלוש הדמויות הללו.

7 **הבאת הקרבן לוונוס**

אבן־פחמן על־גבי נייר לבן, 285x208

L'offerta a Venere, n. 1269 E
Matita nera, carta bianca, 208x285
Bibl.: H. von der Gabelentz, *Fra Bartolommeo und die Florentiner Renaissance,* Leipzig 1922, vol. II, p. 95, n. 193.

כל יצירותיו של פרא ברטולומיאו, בציור כברישום, מתארות נושאים דתיים, כפי שניתן היה לצפות מאמן שהיה לפנים איש הכנסייה. נושאו של הרישום שלפנינו, החילוני מאין כמוהו (הוא כולל את כל היסודות האופייניים ביותר לסגנונו הגרפי של האמן, ולפיכך אין להטיל ספק בשיוכו), הוא אפוא מקרה חריג חשוב וניתן אולי להסבירו בעניין הרב שגילו כל אמני הרנסאנס באמנות הקלאסית, והאמן־הנזיר הזה ביניהם.

אנדריאה דל סארטו

פירנצה, 1486 - פירנצה, 1530

8 **קטע מדמות יושבת**

גיר אדום טבעי על־גבי נייר לבן, 206x194

Andrea del Sarto

Firenze, 1486 – Firenze, 1530
Studio parziale di una figura seduta, n. 313 F
Matita rossa, carta bianca, 194x206
Bibl.: J. Shearman, *Andrea del Sarto,* Oxford 1965, vol. II, p. 335.

שקדנותו המופלגת של אנדריאה דל סארטו בעיבוד הקומפוזיציה של "הסעודה האחרונה" אשר בחדר־האוכל של מנזר סאן סאלווי באה לידי ביטוי בין היתר ברישומי־ההכנה הרבים שהגיעו לידינו, אשר רובם שמורים כיום בלשכת הרישומים וההדפסים של גלריית אופיצי. עם אלה נמנה גם הרישום הזה, שבו ניתן לזהות בבירור מתווה ראשוני לדמות שליחו של ישו, המתואר בצדודית, המצויר בקצהו השמאלי של הפרסקו האמור.

9 **דיוקן גבר**
אבן־פחמן וגיר אדום טבעי על־גבי נייר לבן, 183x235

Ritratto maschile, n. 292 F
Matita nera e rossa, carta bianca, 235x183
Bibl.: J. Shearman, *Andrea del Sarto,* Oxford 1965, vol. II, pp. 329-330.

דיוקן יפה זה, שנעשה בוודאי על־פי דוגמן, שימש לאנדריאה דל סארטו כמתווה לראשו של אחד משליחי ישו, בפרסקו הגדול על נושא "הסעודה האחרונה" שצייר בחדר־האוכל של מנזר סאן סאלווי בפירנצה. פרסקו זה (שבו החל בשנת 1522) הוא ללא ספק אחת המשימות הכבדות והחשובות ביותר שעמן התמודד אמן זה בתחום אמנות הציור. כתלמידו של פיירו די קוזימו, שקד במיוחד, בימים שבהם עוצב סגנונו, על לימוד המונומנטליות המאוזנת של פרא ברטולומיאו, הקלאסיציזם של רפאל, והלקח הבסיסי של ליאונרדו בכל הנוגע לשימוש באור בציור.

10 **גבר ניצב, מבט כמעט מהגב**
גיר אדום טבעי על־גבי נייר לבן צבוע בחלקו ורוד, 186x260

Figura maschile in piedi quasi di spalle, n. 288 F
Matita rossa, carta bianca tinteggiata di rosa, 260x186
Bibl.: J. Shearman, *Andrea del Sarto,* Oxford 1965, vol. II, pp. 328-329.

בקווים מעטים ומהירים הצליח האמן להנציח על גבי הנייר את תנועתה המתפרצת של הדמות. הרישום מבטא עצמה כה רבה, שמותר לשער כי נעשה על־פי דוגמן — אותו דוגמן ששימש לרישומי־ההכנה למלאך מיכאל בשביל קטע לוח־המזבח עם "ארבעה קדושים" המוצג כיום בגלריית אופיצי. ציור לוח זה, הנושא את התאריך 1528 (והיה אפוא מיצירותיו האחרונות של אנדריאה דל סארטו), הוכן בשביל כנסיית הפאראדיזינו בוואלומברוזה. מכאן נלקח, כנראה בראשית המאה הי"ט, והוצב תחילה בגלריית האקדמיה בפירנצה ולבסוף באופיצי.

באצ'ו באנדינלי

פירנצה, 1493 - פירנצה, 1560
11 **תספורתה של ונוס**
עט, עקבות גיר אדום טבעי על־גבי נייר לבן, 271x404

Baccio Bandinelli

Firenze, 1493 – Firenze, 1560
La toeletta di Venere, n. 535 F
Penna, tracce di matita rossa, carta bianca, 404x271
Bibl.: *Disegni Italiani della Galleria degli Uffizi,* Tokyo 1982, n. 19.

לבד מהיותו בעל כשרון אקספרסיבי ניכר, היה באנדינלי גם פסל ורשם פורה. הוא תפס מקום נכבד בחצרו של קוזימו הראשון לבית מדיצ'י וזה הזמין אצלו עבודות חשובות מאוד, בהן קבוצת הפסלים "הרקולס וקאקו", שהוצבה בשנת 1534 על גרם המדרגות שבחזית פאלאצו דלה סיניוריה בפירנצה לצד פסל "דוד" של מיכלאנג'לו. יצירותיו של מיכלאנג'לו היו לבאנדינלי מקור השראה שממנו שאב רבות בחיפושיו אחר סגנון פיגורטיבי שיכוון כולו לפלסטיות של צורות ולקומפוזיציה קצבית מורכבת וגרנדיוזית. מותר לנו לשער שהרישום המוצג כאן — אחד היפים והאופייניים ביותר של האמן — נעשה כהכנה לתחריט כלשהו, כפי שניתן ללמוד מן הפלסטיות החזקה של הדמויות, המשורטטות במשיכות־עט ברורות ועזות, אף שאין אפשרות לקשור אותו לשום עבודה מסוימת.

דומניקו בקאפומי

ואלדיביינה, 1486 בקירוב — סיינה, 1551
12 **המאדונה בהדרה עם ישו התינוק וארבעה קדושים**
עט, מגוון חום בהיר על־גבי נייר לבן, 253x419

Domenico Beccafumi

Valdibiena, 1486 circa — Siena, 1551
La Madonna col Bambino in gloria e quattro Santi, n. 1246 F
Penna, acquerellature marroncine, carta bianca, 419x253
Bibl.: D. Sanminiatelli, *Domenico Beccafumi,* Milano 1967, p. 141, n. 18.

העיבוד הגרפי של רישום זה, המרמז בעזרת משיכות־קו אחדות על צורתן ותנוחתן של הדמויות, מאשר ללא צל של ספק שהוא מעשה ידי דומניקו בקאפומי. צייר זה היה ראשון מחוללי מגמת המאנייריזם בסיינה ואחד הציירים המחוננים ביותר שחיו ופעלו במחצית הראשונה של המאה הט"ז. לא ידוע אם ציור לוח־המזבח, המותווה על גבי הנייר שלפנינו, אכן בוצע אי־פעם, שכן הוא לא נמצא בין היצירות שזוהו עד היום.

יאקופו פונטורמו
פונטורמו (אמפולי), 1494 - פירנצה, 1556

13 ראש ילד ורגליים
אבן־פחמן וגיר אדום טבעי על־גבי נייר לבן, 182x249

Jacopo Pontormo
Pontormo (Empoli), 1494 - Firenze, 1556
Studio di una testa di fanciullo e di gambe, n. 6551 F
Matita nera e rossa, carta bianca, 249x182
Bibl.: J. Cox Rearick, *The Drawings of Pontormo,* Cambridge (Mass.) 1964, pp. 135-136, n. 58.

יאקופו דה פונטורמו היה ללא ספק מן הדמויות התמוהות ביותר במאה הט"ז, לבד מהיותו הנציג העיקרי והאופייני ביותר של המאנייריזם הפלורנטיני בראשיתו. ואכן, בסגנון שהיה גאוני ובו־בזמן גם קפדני מאוד, ידע לתרגם לשפת הציור הן את סערות הנפש והדרמה הקיומית שלו־עצמו והן את משבר הערכים הכללי שהסעיר את החברה שבה חי. לאחר שלמד זמן קצר בסדנתם של ליאונרדו, של פיירו די קוזימו ושל מאריוטו אלברטינלי, עבד פונטורמו מ־1512 עד 1514 לצדו של אנדריאה דל סארטו, וב־1518 ביצע את יצירת־המופת הגדולה הראשונה שלו, תמונת־המזבח שעליה "המאדונה על כס המלכות עם קדושים", אשר בכנסיית סאן מיקלה ויסדומיני בפירנצה. לציור זה קשור הרישום שלפנינו, שבו התווה האמן את ראש הילד מחזיק הווילון שבציור, למעלה משמאל, וכן את רגלו השמאלית של יוחנן היושב בחזית במרכז.

14 דיוקן חצי דמות
גיר אדום טבעי על־גבי נייר לבן, 148x247

Ritratto a mezza figura, n. 449 F
Matita rossa, carta bianca, 247x148
Bibl.: J. Cox Rearick, *The Drawings of Pontormo,* Cambridge (Mass.) 1964, pp. 239-240, n. 236.

רישום זה, שהוא מן המפורסמים ביותר, ראוי למקום של כבוד בין הישגיו הנשגבים של פונטורמו, בעיקר בזכות המודרניות המסעירה של התיאור הנפשי המשתקף בפנים הדרמטיות והקשובות. זהו ללא ספק דיוקנו של נער, מן הסתם אחד מן השוליות בסדנה, ותאריך ביצועו 1522 או 1525 בקירוב. התנועה הנשית ועטיפת הראש בצעיף הארוך מעידות שהאמן השתמש בדמות זו כדי לעבד כמה דמויות של מאדונות, שהופיעו בציוריו באותן שנים וביניהם ציור "המשפחה הקדושה" שבמוזיאון הארמיטאז' בלנינגראד ו־"המאדונה על הכס עם ארבעה קדושים" שבאופיצי בפירנצה.

15 צעיר עירום יושב
גיר אדום טבעי על־גבי נייר לבן, 221x362

Giovane nudo seduto, n. 6513 F
Matita rossa, carta bianca, 362x221
Bibl.: J. Cox Rearick, *The Drawings of Pontormo,* Cambridge (Mass.) 1964, pp. 255-256, n. 263.

רישום־הכנה יפהפה זה של פונטורמו שימש לו כמתווה לאחת הדמויות בפרסקו שבעבר עיטר את תקרת קאפלה קאפוני בכנסיית סאנטה פיליצ'יטה בפירנצה. פרסקו זה, שבינתיים נהרס, צויר בערך ב־1525. הרישום מגלה יכולת מדהימה, הטיפוסית מאוד לסגנונו של ראש אסכולת המאנייריזם הגדול, למזג יסודות נטורליסטיים עד למאוד במירקם פיגורטיבי מסוגנן ביותר.

16 אדם וחוה בעמלם ורישומי־הכנה לדמויות
אבן־פחמן על־גבי נייר לבן ועליו שיבוץ לקראת הגדלה באבן־פחמן ובגיר אדום טבעי, 158x203

Il lavoro dei Progenitori e studi di figure, n. 6535 F
Matita nera, carta bianca quadrettata a matita nera e rossa, 203x158
Bibl.: J. Cox Rearick, *The Drawings of Pontormo,* Cambridge (Mass.) 1964, pp. 338-339, n. 370.

בשנת 1546 בערך קיבל פונטורמו הזמנה ממשפחת מדיצ'י לעטר את כל אולם המקהלה של כנסיית סאן לורנצו בציורי פרסקו בנושא "סיפורים מן הברית הישנה". מעשה־יצירה גדול זה, שהעסיק את האמן, למעשה, במשך עשר השנים האחרונות לחייו, נהרס לגמרי ב־1742, כאשר לצורך חיזוק המבנה, שעמד בסכנת התמוטטות, הרסו את הקירות שעליהם צויר הפרסקו ואחר בנו אותם מחדש. עדות לפרסקו שנהרס נוכל למצוא כיום באותה סדרה מופלאה של רישומי־ההכנה, השייכים למסורת הפלורנטינית המקורית ביותר. סדרת רישומים זו מאפשרת לנו לעקוב, צעד אחר צעד ממש, אחר כל תהליך יצירתן של הקומפוזיציות. הרישום המוצג כאן מתקשר אל הקומפוזיציה המכונה "עמל אבותינו הקדומים". בצדו השמאלי — המשובץ לקראת הגדלה — וכן בצדו הימני אנו רואים מתווה של דמות חוה, עשוי על־פי דוגמן גברי; וחוה מופיעה שוב ברישום, בחלקו העליון, באותה תנוחה עצמה, אולם בכיוון ההפוך.

רוסו פיורנטינו

פירנצה, 1495 - פונטיינבלו, 1540

17 **גבר עירום**

גיר אדום טבעי על־גבי נייר לבן, 200x414

Rosso Fiorentino

Firenze, 1495 – Fontainebleau, 1540

Figura maschile nuda, n. 6497 F

Matita rossa, carta bianca, 414x200

Bibl.: E.A. Carroll, *Some drawings by Salviati formerly attributed to Rosso Fiorentino,* in "Master Drawings", 1971, IX, p. 25.

גם אצל רוסו יכולים אנו למצוא אותה התמסרות לאמנות הרישום, המשותפת לכל נציגי מגמת המאנייריזם, למרות שלא הרבה ליצור בתחום זה כמו פונטורמו, למשל. אישיותו האמנותית של רוסו התעצבה בלמידה עצמאית, מחוץ לכל אסכולה או סדנה. הוא בחר לעצמו, באופן חופשי לגמרי, את מקורות ההשראה השונים שהתאימו לאישיותו המיוחדת והשוחרת חידושים: החל ברישומו המפורסם של מיכלאנג'לו ל"קרב קאשינה" וכלה בהדפסיו של אלברכט דירר. כך פיתח רוסו לעצמו סגנון מקורי מאוד, שבעזרתו תרם תרומה חשובה להתפשטות מגמת המאנייריזם אל מעבר לגבולות איטליה, וזאת בעיקר כאשר נקרא לצרפת בשנת 1530, לשמש כאמן־החצר אצל פרנסואה הראשון. עדות מפורשת לסגנון זה אנו מוצאים ברישום המוצג כאן, הבולט בקוויותו המתוחה, המגדירה בבירור את הדמות במעין גיבוש מופשט.

פרינו דל ואגה

פירנצה, 1501 - רומא, 1547

18 **אפריז קישוטי**

עט על־גבי נייר לבן, 252x106

Perino del Vaga

Firenze, 1501 – Roma, 1547

Fregio decorativo, n. 1549 E

Penna, carta bianca, 106x252

Bibl.: B.F. Davidson, *Mostra di disegni di Perino del Vaga e la sua cerchia,* Firenze 1966, n. 15.

פרינו דל ואגה, שהיה רשם מוכשר ביותר, הוריש לנו שפע של רישומים, כמו למלא את החלל שהותירו ציוריו הרבים שאבדו. לאחר ששימש שוליה בסדנתו של רידולפו דל גירלנדאיו, עשה את ראשית דרכו ברומא בחוגו של רפאל, במפעל הגדול של עיטור הלוג'ות בוואטיקן. ניצנים של סגנונו המורכב, הפוסח על שתי סעיפים — מגמת המאנייריזם הפלורנטינית והקלאסיציזם — מתגלים בבירור גם ברישום המוצג כאן. משיכות־העט הגמישות והמיומנות מפתחות בצורות תוססות ודינמיות נושא השאוב, לבטח, מציור עתיק כלשהו.

פרנצ'סקו פארמיג'אנינו

פארמה, 1503 - קאזאלמג'ורה, 1540

19 **נישואיה המיסטיים של קתרינה הקדושה**

עט על־גבי נייר לבן, 143x188

Francesco Parmigianino

Parma, 1503 – Casalmaggiore, 1540

Il Matrimonio mistico di Santa Caterina, n. 1461 E

Penna, carta bianca, 188x143

Bibl.: A.E. Popham, *Catalogue of the Drawings of Parmigianino,* New Haven and London 1971, vol. I, p. 67, n. 76.

לבד מהיותו הנציג הבולט ביותר — וגם החשוב ביותר מבחינה היסטורית — של מגמת המאנייריזם כפי שהתפתחה במחוז אמיליה, היה פארמיג'אנינו גם אחד מאמני הרישום המיומנים והמלוטשים ביותר באיטליה כולה, כפי שמעידים הרישומים הרבים מפרי עטו שהגיעו לידינו, המצטיינים כולם באיכותם הגבוהה. הרישום המוצג כאן מהווה תעודה חשובה לסגנונו הגרפי בראשית דרכו. נראה שקיים קשר בינו לבין ציור לוח־המזבח הנמצא כיום בבארדי, שנעשה ב־1521 או 1522. ייתכן — כפי שהציע פופהאם — שברישום זה השתמר רעיון ראשוני כלשהו, שעתיד היה לעבור שינויים ניכרים עד שהועבר לציור האמור.

20 **אשה עומדת**

גיר אדום טבעי וגיר לבן על־גבי נייר לבן, 97x174

Figura femminile in piedi, n. 1992 F

Matita rossa, gessetto bianco, carta bianca, 174x97

Bibl.: A.E. Popham, *Catalogue of the Drawings of Parmigianino,* New Haven and London 1971, vol. I, p. 72, n. 97.

רישום מעובד ומלוטש זה נעשה מאוחר יותר מן הרישום שלפניו והוא דוגמה לסגנונו הבוגר של פארמיג'אנינו. האיזון ההארמוני של הדמות (שההשראה לה נשאבה בוודאי מציור של רפאל) נוצר בעזרת קווית רכה ושוטפת ושימוש מתוחכם בהבהקה בגיר לבן. גל האבנים שאנו רואים לרגלי האשה מרמז אולי כי מתוארת כאן אגדת פירה, שבה מסופר על נשים שהפכו לאבנים ופירה השליכה אותן מאחורי גבה.

אניולו ברונזינו
פירנצה, 1503 - פירנצה, 1572
21 **גבר עירום**
אבן־פחמן על־גבי נייר לבן, 265×350

Agnolo Bronzino
Firenze, 1503 – Firenze, 1572
Figura virile nuda, n. 10220 F
Matita nera, carta bianca, 350x265
Bibl.: J. Cox Rearick, *Les dessins de Bronzino pour la Chapelle d'Eleonora au Palazzo Vecchio,* in "Révue de l'Art", 1971, n. 14, p. 21, nota 82.

לפנינו רישום־ההכנה לאחת מן הדמויות המאכלסות את הפרסקו הגדול המתאר את "עינוייו של לורנצו הקדוש", אשר צייר ברונזינו בבגרותו, בימי פעילותו בכנסיית סאן לורנצו. ואכן, מאפיינים את הרישום הזה משיכות בטוחות של קווי עפרון ומשחק מתוחכם עד למאוד של אור־וצל, החוזר בכל יצירתו הבשלה של צייר זה, שהיה כל ימיו מן האמנים החביבים ביותר על חצר בית מדיצ'י. בני מדיצ'י הזמינו מידו עבודות חשובות ויוקרתיות מאוד, החל בסדרה המפורסמת של "דיוקנים משפחתיים", דרך רישומי־ההכנה לשטיחי־הקיר שנארגו בבית־המלאכה של הדוכסים־הגדולים, וכלה בעיטור הפרסקו של הקאפלה הפרטית של אליאונורה מטולדו, אשתו של הדוכס־הגדול קוזימו הראשון, בפאלאצו וקיו. כל אלה הן יצירות שלהן מקום נכבד במורשת התרבות והטעם של מגמת המאנייריזם בשיאה.

דומניקו קאמפניולה
ונציה, 1500 - פדואה, 1564
22 **ישו הנוצרי נפרד לשלום ממרים המגדלית**
עט על־גבי נייר לבן, 395×222

Domenico Campagnola
Venezia, 1500 – Padova, 1564
Cristo prende congedo dalla Maddalena, n. 1781 F
Penna, carta bianca, 222x395
Bibl.: W.R. Rearick, *Tiziano e il disegno veneziano del suo tempo,* Firenze 1976, pp. 118–119, n. 76.

קאמפניולה, בניגוד לרוב אמני תקופתו, שראו ברישום בעיקר אמצעי לעיבוד קומפוזיציות שרצו לבצע בציור או בפיסול, ראה ברישום מטרה לעצמו. ואכן, הוא הוריש לנו מספר גדול של רישומי עט, שבהם הנוף מהווה נושא מרכזי או לפחות יסוד שולט. רישומים אלה מעובדים בקפידה ונעימים ביותר, אף אם לעתים הם נראים בעינינו מכאניים במקצת. הם יועדו מראש לקהל של אספנים שבאותה תקופה החלו להתרבות. מבחינה סגנונית הלך קאמפניולה בדרכו ובצילו הענק של טיציאנו (ואכן, לטיציאנו שויכו לעתים בטעות יצירות משל קאמפניולה). הרישום המוצג כאן מתאפיין בתאורה ובהרגשת חלל, שני יסודות ונציאניים טיפוסיים.

פאריס בורדון
טרוויזו, 1500 - ונציה, 1571
23 **חצי־גוף עליון של גבר עירום**
פחם וגיר לבן על־גבי נייר כחלחל, 205×223

Paris Bordon
Treviso, 1500 – Venezia, 1571
Parte superiore di figura maschile nuda, n. 15019 F
Carboncino, gessetto bianco, carta cerulea, 223x205
Bibl.: W.R. Rearick, *Tiziano e il disegno veneziano del suo tempo,* Firenze 1976, p. 86, n. 46.

בין הרישומים המעטים שניתן לשייך בוודאות לאמן חשוב זה, בן מחוז ונציה שחי ופעל במאה הט"ז, הרישום המוצג כאן הוא מן המשמעותיים ביותר, וזאת לא רק בזכות איכותו הסגנונית, אלא גם משום שניתן לזהות בו רישום־הכנה לציור מפורסם — "הטבלתו של ישו", הנמצא כיום בגלריה הלאומית בוושינגטון. רישום זה מעיד היטב על השפעת סגנונו של טיציאנו על בורדון. בורדון היה בין הבולטים שבמעצבי הטעם המהודר אשר שרר בחברה הוונציאנית בת־זמנו והדבר התבטא ביצירותיו הפיגורטיביות והססגוניות ובקומפוזיציות המרשימות שלו.

ג'ורג'ו ואזארי
ארצו, 1511 - פירנצה, 1574
24 **קוזימו הראשון לבית מדיצ'י מקביל את פני השבויים מקרב מונטמורלו**
עט, מגוון חום בהיר וגואש לבן על־גבי נייר ירקרק, 270×392

Giorgio Vasari
Arezzo, 1511 – Firenze, 1574
Cosimo I dei Medici riceve i prigionieri della battaglia di Montemurlo, n. 1186 E
Penna, acquerellature marroncine, biacca, carta verdastra, 392x270
Bibl.: P. Barocchi, *Mostra di disegni del Vasari e della sua cerchia,* Firenze 1964, pp. 28–29, n. 25.

ג'ורג'ו ואזארי היה ללא כל ספק הנציג הנאמן והבולט ביותר של מגמות האמנות שאפיינו את האסכולה הפלורנטינית בימי שבתו של קוזימו הראשון על כס הדוכסות־הגדולה. לבד מזאת, היה ואזארי גם הסופר הנלהב של תהילת משפחת מדיצ'י. רוב פעילותו כצייר, אדריכל, היסטוריון ואספן אכן התרחש בפירנצה, שם תכנן, בין היתר, את המבנה שנועד לאכסן את משרדי השלטון החדשים — אותו מבנה שלימים עתיד היה להיות "גלריית אופיצי" (אופיצי = משרדים). משנת 1554 ניהל ואזארי את מלאכת השיפוץ וההרחבה של פאלאצו וקיו והפך אותו לארמון־מלכות של ממש לדוכסים־הגדולים. הרישום המוצג כאן קשור לאולם בפאלאצו וקיו הנושא את שמו של קוזימו הראשון. זהו מתווה מעובד היטב לציור שבמרכז התקרה, המתאר את קוזימו הצעיר בבגדי מצביא קדום מקביל את פניהם של הגולים הפלורנטינים, שב־1537 נוצחו במונטמורלו בידי כוחות בית מדיצ'י.

יאקופו באסאנו

באסאנו דל גראפה, 1510 - באסאנו דל גראפה, 1592

25 תמונה מחיי הבית, עם שתי נשים וילד

אבן־פחמן, מגוון חום בהיר וגואש לבן על־גבי נייר כחול, 382x276

Jacopo Bassano

Bassano del Grappa, 1510 – Bassano del Grappa, 1592

Scena domestica con due donne e un fanciullo, n. 1882 F

Matita nera, acquerellature marroncine, biacca, carta azzurra, 276x382

Bibl.: *Disegni Italiani della Galleria degli Uffizi,* Tokyo 1982, n. 33.

באסאנו, יותר מכל חבריו אמני המאה הט"ז, שהיו מושפעים מן התרבות הוונציאנית, נטה לרישום הנטורליסטי והתיאור מלא־האהבה של נושאים מחיי היום־יום. על־סמך שיקולים אלה ככל הנראה משייכים לו רישום נאה זה. אולם, למרות שמתוארת כאן תמונה מחיי הבית, ולמרות שהיא מתוארת בחיוניות מבריקה ובהבעתיות עמוקה — וזאת באמצעות צבעוניות מודגשת וערכי־אור המבטלים לחלוטין את קווי־המתאר — עדיין קיים ספק, אם אמנם באמת יש לשייך את הרישום לבאסאנו, או לאחד האמנים שעבדו עמו.

יאקופו טינטורטו

ונציה, 1518 - ונציה, 1594

26 שתי דמויות גברים

פחם וגואש לבן על־גבי נייר כחלחל ועליו שיבוץ לקראת הגדלה, 430x216

Jacopo Tintoretto

Venezia, 1518 – Venezia, 1594

Due figure maschili, n. 13005 F

Carboncino, biacca, carta cerulea quadrettata a carboncino, 216x430

Bibl.: P. Rossi, *I disegni di Jacopo Tintoretto,* Firenze 1975, pp. 34–35.

לפנינו אחת הדוגמאות היפות והאופייניות ביותר ליצירתו הגרפית הנרחבת של צייר זה, שידע למזג בסינתזה מקורית מאוד את המוטיבים הצורניים של המאנייריזם תוצר האסכולה של מיכלאנג'לו, עם ערכי הצבע והציוריות המעמיקה של האמנות הוונציאנית. זהו רישום־הכנה קפדני ביותר לציור שני החיילים המטילים קוביה, הנראים בפינה הימנית התחתונה של הציור המפורסם על נושא ה"צליבה", שנעשה בשנים 1555-1554. הרישום, המורכב משני חלקים שהודבקו יחדיו אנכית, מהווה בין היתר תעודה חשובה מאוד על שיטת עבודתו של טינטורטו. צייר זה נהג לרשום פעמים רבות רישומי־הכנה של דמויות בודדות, כל אחת על גליון נפרד, כפי שעשה כאן, ואחרי־כן קיבץ את הדמויות יחדיו בהדביקו את כל הרישומים השונים זה לזה.

27 קשת, רישום הכנה

פחם על־גבי נייר חום בהיר ועליו שיבוץ לקראת הגדלה, 218x354

Studio per un arciere, n. 12929 F

Carboncino, carta marroncina quadrettata a carboncino, 354x218

Bibl.: P. Rossi, *I disegni di Jacopo Tintoretto,* Firenze 1975, p. 20.

המתווה שלפנינו הוא אחד מרישומי־ההכנה הראשוניים שביצע טינטורטו בשנים 1587-1584, לפני שניגש לצייר את "הקרב על זארה", שנועד ל"אולם הסקרוטיוניו" בארמון הדוג'ים שבוונציה. יצירה זו שייכת אפוא לשלב מתקדם למדי בדרכו הסגנונית של האמן, שביצירותיו הבשלות נטה יותר ויותר לטשטש את צורתו הגשמית של הגוף וזאת במתח הדינמי של תאורה פנטסמאגורית, בעלת ניגודים חזקים, אף ששלט ברישום שליטה מושלמת.

לוקה קאמביאזו

מונליה, 1527 - מדריד, 1585

28 מעצרו של ישו בגן גת־השמנים

עט, מגוון חום ואפור ועקבות גואש לבן על־גבי נייר לבן, 317x238

Luca Cambiaso

Moneglia, 1527 – Madrid, 1585

La cattura di Cristo nell'Orto degli Ulivi, n. 13681 F

Penna, acquerellature marroni e grige, tracce di biacca, carta bianca, 238x317

Bibl.: *Disegni Italiani della Galleria degli Uffizi,* Tokyo 1982, n. 29.

בימי נעוריו שהה קאמביאזו ברומא, שם הספיק ללמוד עקרונות־יסוד מתוך התבוננות ביצירותיהם של מיכלאנג'לו ורפאל. שהות זו בבירת איטליה היתה חשובה מאוד לעיצוב סגנונו של קאמביאזו, שהיה בוודאי הבולט ביותר בין ציירי אסכולת גנואה במאה הט"ז. בתקופה מאוחרת יותר הושפע גם מקסמה של הצבעוניות הוונציאנית וגם מסגנון ה"ספומאטו" (sfumato) של קורג'ו וכך הגיע לאותה רב־גוניות ציורית שהודות לה קנה לו הצלחה ניכרת הן בעיר מולדתו והן במדריד. במדריד עשה את שנותיו האחרונות כצייר־החצר של פיליפ השני ועבד בעיטור מנזר האסקוריאל. ייתכן כי הביטוי המקורי ביותר לשפתו הפיגורטיבית נמצא דווקא ביצירתו הגרפית השופעת, היינו באותו תחום שבו הצליח קאמביאזו להגיע לתוצאות אישיות־משלו, החורגות מאופנת זמנו והעדות לכך — ברישום המוצג כאן.

פדריקו בארוצ׳י

אורבינו, 1535 - אורבינו, 1612

29 **דף מתווים**

פחם, גיר לבן וגיר אדום טבעי על־גבי נייר כחלחל, 397x263

Federico Barocci

Urbino, 1535 – Urbino, 1612

Foglio di studi, n. 11624 F

Carboncino, gessetto bianco, matita rossa, carta cerulea, 263x397

Bibl.: G. Gaeta Bertelà, in *Mostra di Federico Barocci.* Catalogo critico di A. Emiliani con un repertorio dei disegni di G. Gaeta Bertelà, Bologna 1975, p. 84, n. 55.

פדריקו בארוצ׳י, כצייר וכרשם, היה מן הדמויות המרכזיות שמסביב להן סב כל תהליך התפתחות האמנות האיטלקית במחצית השנייה של המאה הט״ז. ואכן, שפתו הפיגורטיבית — המקורית מאין־כמוה — נובעת ממכלול מרכיבי תרבות שונים (מן המאנייריזם המאוחר ועד לצבעוניות הוונציאנית וללקחו של קורג׳ו). מרכיבים אלה, יחד עם כשרון גדול להתבוננות בטבע ועם חוש בוטח לארגון קומפוזיציות נרחבות, מהווים את הבסיס ללשון סגנונית שעתידה היתה להשפיע על אמנים רבים, הן מבני זמנו של בארוצ׳י והן מבני הדורות שלאחריו. עדות לרמתו הגבוהה ביותר של בארוצ׳י בתחום הגרפיקה ניתנת לנו ברישום המוצג כאן, המכיל כמה מתווים על־פי דוגמנים. ברישומי־הכנה אלה השתמש האמן, כעבור זמן, בשתי הגירסות של ״המנוחה בדרך למצרים״, שהאחת מהן נמצאת בכנסיית פייבה די בוביקו והשנייה — בפינאקוטקה ואטיקנה, אשר צוירו ב־1570-1573.

30 **ראש גבר בצדודית לימין**

פחם, אבן־פחמן, גיר אדום טבעי וגירים צבעוניים על־גבי נייר כחלחל, 210x230

Testa maschile di profilo a destra, n. 11437 F

Carboncino, matita nera e rossa, pastelli policromi, carta cerulea, 230x210

Bibl.: G. Gaeta Bertelà, *Disegni di Federico Barocci. Catalogo della mostra,* Firenze 1975, p. 91, n. 105.

רישום זה שייך ללא ספק לתקופת בשלותו של בארוצ׳י, מכיוון שניתן בו לזהות בו רישום־הכנה לדמות אחד משליחי־ישו המופיעים בצדו הימני של הציור ״עלייתה של הבתולה השמימה״. ציור זה השתייך בעבר לאוסף קסטלבארקו אלבאני ובאחרונה רכשה אותו ממשלת איטליה כדי שיוצג בפינאקוטקה של אורבינו. אין יודעים מי הזמין את הציור מידי בארוצ׳י, אך הוא נמצא ביום מותו של האמן, עדיין בלתי־גמור, בסדנתו.

31 **רישומי־הכנה לציור ״הקינה על ישו המת״**

אבן־פחמן, גיר אדום טבעי ופחם על־גבי נייר לבן מוצהב, 393x220

Studi per il Lamento sul Cristo morto, n. 11403 F

Matita nera e rossa, carboncino, carta bianca ingiallita, 220x393

Bibl.: G. Gaeta Bertelà, in *Mostra di Federico Barocci.* Catalogo critico di A. Emiliani con un repertorio dei disegni di G. Gaeta Bertelà, Bologna 1975, pp. 226–227, n. 276.

ראשית מגעיו של בארוצ׳י בדבר ציור גדול בנושא ״הקינה על ישו המת״, שנועד למזבח סאן ג׳ובאני איל בואונו בדואומו של מילאנו, החלו עוד בשנת 1592, אולם עם מותו של האמן, כעבור עשרים שנה, עדיין לא נסתיימה מלאכתה של יצירה זו. כמנהגו תמיד, לפני שניגש בארוצ׳י לעבודה על הציור האמור (המוצג כיום בארכיגימנסיון של בולוניה), הכין שורה ארוכה של רישומי־הכנה (במשך כל דרכו הצטיין בארוצ׳י בחיבתו העזה למלאכת הרישום). גם הרישום המוצג כאן נמנה עם קבוצה זו ובו תנוחתו של ישו בחיק אמו מוצגת בצורה דומה מאוד, אם גם הפוכה, לזו שבציור.

פדריקו צוקארי

סאנטאנג׳לו אין ואדו, 1540 בקירוב - אנקונה, 1609

32 **עינויה ומותה של קאתרינה הקדושה**

עט, מגוון חום על־גבי נייר לבן, 382x262

Federico Zuccari

Sant'Angelo in Vado, 1540 circa – Ancona, 1609

Il martirio di Santa Caterina, n. 11182 F

Penna, acquerello marrone, carta bianca, 262x382

Bibl: G. Gere, *Mostra di disegni degli Zuccari,* Firenze 1966, pp. 42–43, n. 57.

פדריקו צוקארי — נציג בולט של הסגנון המתורבת והבוטה ביותר במגמת המאנייריזם המאוחרת — היה פעיל שנים רבות בערים איטלקיות שונות, ובעיקר ברומא, בפירנצה (שבה השלים את ציורי הפרסקו על כיפת הדואומו, שנשארו בלתי גמורים עם מותו של ואזארי) ובוונציה. דרך ציורו, שהתאפיינה בקפדנות צורנית והיתה קלה לתפיסה, זיכתה אותו בהצלחה רבה, עד כי המלך פיליפו השני הזמין אותו לעבוד בספרד בעיטור מנזר האסקוריאל. הרישום המוצג כאן הוא מן הדוגמאות האופייניות ביותר ליצירתו בתחום הגרפיקה. מעובדת בו, בשינויים קלים, הקומפוזיציה של הפרסקו בנושא זה אשר בכנסיית קאתרינה הקדושה של־עושי־החבלים ברומא, שצייר האמן בשנת 1573.

ברנרדינו פוצ׳טי

סאן מארינו די ואל ד׳אלסה, 1548 - פירנצה, 1612

33 רישום־הכנה לעיטור תקרה

עט, מגוון חום, עקבות אבן־פחמן וחרט על־גבי נייר לבן, 367x442

Bernardino Poccetti

San Marino di Val d'Elsa, 1548 – Firenze, 1612

Studio di decorazione per un soffitto, n. 966 E

Penna, acquerello marrone, tracce di matita nera e stilo, carta bianca, 442x367

Bibl.: P.C. Hamilton, *Disegni di Bernardino Poccetti,* Firenze 1980, pp. 45–46, n. 28.

במחזורי הפרסקות הגדולים, הן בנושא דתי והן בנושא חילוני, מצא פוצ׳טי כר־פעולה מתאים לו במיוחד, שכן ניחן בכשרון תיאורי מובהק ובקלות־הבעה. ואכן, הוא זכה למקום של כבוד בין גדולי ציירי הפרסקות הפלורנטיניים בני המאה הט״ז מן האסכולה של אנדריאה דל סארטו. במתווה שלפנינו, המהווה דוגמה יפה למדי לכשרונו התיאורי עשיר־הדמיון והמלוטש, נוכל לזהות אולי רישום של רעיון ראשון לציור שביצע כעבור זמן, בשינויים אחדים, באחת המערות המלאכותיות שבנה האדריכל ברנארדו בואונטלנטי בגן בובולי הסמוך לפאלאצו פיטי.

יאקופו דה אמפולי

פירנצה, 1551 - פירנצה, 1640

34 תרגילים לדמות גבר

פחם וגיר לבן על־גבי נייר גס, 245x385

Jacopo da Empoli

Firenze, 1551 – Firenze, 1640

Studi di figura virile, n. 2243 S

Carboncino e gessetto bianco, carta grezza, 385x245

Bibl.: *Firenze e la Toscana dei Medici nell'Europa del Cinquecento. Il primato del disegno,* Firenze 1980, p. 114, n. 205.

דרכו האמנותית של יאקופו קימנטי, המכונה ״אמפולי״ על־שם העיירה הסמוכה לפירנצה שממנה באה משפחתו, משתלבת היטב בתהליך התפתחותה של האמנות הפלורנטינית בשלהי המאה הט״ז — תחילת המאה הי״ז. לאחר שבראשית דרכו למד את לקח יצירותיו של ואזארי ושקד על לימודיו אצל מאזו דה סאן פריאנו, וכן קלט את שיכול היה מפי ברונזינו הישיש, התאים יאקופו את שפתו הציורית לקצב הפשוט יותר ולרגשנות הנלהבת שהיו אופייניים לציירי הקונטרה־רפורמה ובראשם סאנטי די טיטו. רקע תרבותי זה בא לידי ביטוי ברישום שלפנינו, שמקובל היה לשייכו לפאבריציו בוסקי, עד שאנהמאריה פטריולי טופאני זיהתה אותו כרישום־הכנה לדמות אחד הבריונים בציור ״עינויו של סבסטיאנו הקדוש״, אשר צייר יאקופו בשביל כנסיית סאן לורנצו בפירנצה (כנראה בשלהי המאה הט״ז).

אגוסטינו קאראצ׳י

בולוניה, 1557 - פארמה, 1602

35 עצים

עט על־גבי נייר לבן, 251x384

Agostino Carracci

Bologna, 1557 – Parma, 1602

Studio di alberi, n. 1309 E

Penna, carta bianca, 384x251

Bibl.: M. Chiarini, *Mostra di disegni Italiani di paesaggio del Seicento e del Settecento,* Firenze 1973, p. 17, n. 7.

העניין הרב בכל הקשור לטבע, שאפיין את מגמת הקלאסיציזם של בולוניה, בא לידי ביטוי מוצלח ביותר בנושאים הקשורים לנוף. ואכן, לנושא תיאור הנוף הקדישו את עצמם, במידה זו או אחרת אך תמיד בהצלחה ניכרת, כמעט כל נציגיו הבולטים של זרם סגנוני זה. מנקודת־מוצא זו יש לבחון גם את הרישום המוצג כאן, שבו חידש אגוסטינו קאראצ׳י את הדגם הוונציאני בתוצאות מרהיבות, תוך שעיבד הכל בחתך מודרני לחלוטין, הגם ששאב את השראתו מיצירותיו של קאמפאניולה, הרחוקות כבר ממנו. הרישום נעשה, כנראה, בשלהי המאה הט״ז.

אנדריאה בוסקולי

פירנצה, 1560 בקירוב - פירנצה, 1607

36 גבר עירום

אבן־פחמן וגיר אדום טבעי על־גבי נייר לבן, 224x426

Andrea Boscoli

Firenze, 1560 circa – Firenze, 1607

Nudo maschile, n. 8268 F

Matita nera e rossa, carta bianca, 426x224

Bibl.: A. Forlani, *Mostra di disegni di Andrea Boscoli,* Firenze 1959, p. 25, n. 29.

אנדריאה בוסקולי הוא מן הנציגים המקוריים והפוריים ביותר של מגמת המאנייריזם הפלורנטיני ודרכו האמנותית, שהיתה מעמיקה ומגוונת עד מאוד, מראה על רוחב אופקים ועל עושר של השפעות, ביניהן השפעותיהם של סאנטי די טיטו, אשר בוסקולי היה תלמידו, וכן של פונטורמו, רוסו פיורנטינו, אנדריאה דל סארטו, פדריקו בארוצ׳י והציירים צוקארי, וזאת מלבד השפעותיהם של קאראוואג׳ו ושל פרינו דל ואגה, שאת יצירותיהם למד בוסקולי במסעו לרומא בנעוריו. הוכחה לכל אלה היא ברישום המבריק שלפנינו, שבו תוכנו האקדמי של הנושא מתפרש במיזוג של וֶריזם חיוני עם סגנון מהודר. יש כאן משום רמז לסגנון שאליו עתיד להגיע קאלו כעבור שנים.

לודוביקו צ׳יגולי
קאסטלווקיו די צ׳יגולי, 1559 - רומא, 1613
37 **הרקליוס הקדוש נושא את הצלב**
עט, מגוון חום, גיר אדום טבעי, גואש לבן על־גבי נייר לבן
ועליו שיבוץ לקראת הגדלה בעט, 273x389

Lodovico Cigoli
Castelvecchio di Cigoli, 1559 – Roma, 1613
San Eraclio che porta la Croce, n. 8864 F
Penna, acquerellature marroni, matita rossa, biacca, carta bianca quadrettata a penna, 389x273
Bibl.: *Firenze e la Toscana dei Medici nell'Europa del Cinquecento. Il Primato del Disegno,* Firenze 1980, p. 106.

רישום יפה זה — שכבר שורטטו עליו משבצות לשם העברה בהגדלה לציור — שייך לשלב ההכנות לציור לוח־המזבח על נושא זה שצייר צ׳יגולי ב־1594 בשביל כנסיית סאן מארקו בפירנצה. המירקם הסגנוני המורכב שמתוכו צומח הרישום כולל השפעות רבות: לבד מזו של מסורת הרישום הפלורנטינית מן המאה הט״ז (מאנדריאה דל סארטו לפונטורמו, מוואזארי לנאלדינו ולבואונטלנטי). ניכרים פה סימנים לשקידה ולימוד מעמיק מבחינה צורנית של הציור הוונציאני ושל יצירותיו של פדריקו בארוצ׳י.

אניבאלה קאראצ׳י
בולוניה, 1560 - רומא, 1609
38 **דיוקן שני צעירים בצדודית**
גיר אדום טבעי על־גבי נייר לבן, 365x283

Annibale Carracci
Bologna, 1560 – Roma, 1609
Ritratto di due giovani di profilo, n. 789 E
Matita rossa, carta bianca, 283x365
Bibl.: O.H. Giglioli, *Catalogo della mostra di disegni italiani del Sei e Settecento,* Firenze 1922, p. 38.

אניבאלה קאראצ׳י היה מחוללה של מגמה ציורית ששאבה את השראתה מן האיזון ההארמוני הנשען על הקלאסיציזם של אמנות הרנסאנס. מגמה זו היוותה במרוצת כל המאה הי״ז אחת מצורות הביטוי החשובות המנוגדות למליציות של הטעם הבארוקי. גם ברישום שלפנינו מוכיח אניבאלה קאראצ׳י את כשרונו הבולט כמתאר מעמיק של המציאות היומיומית. יש להניח שדיוקן כפול זה הוא רישום־הכנה על־פי דוגמן חי, וככל הנראה לא נועד מעולם לעיבוד בציור כלשהו, אלא היה מטרה לעצמו.

גואידו רני
בולוניה, 1575 - בולוניה, 1642
39 **חצי־גוף עליון של גבר עירום**
גיר אדום טבעי וגיר לבן על־גבי נייר לבן, 355x279

Guido Reni
Bologna, 1575 – Bologna, 1642
Mezza figura maschile nuda, n. 11720 F
Matita rossa, gessetto bianco, carta bianca, 279x355
Bibl.: C. Johnston, *Mostra di disegni bolognesi dal XVI al XVIII secolo,* Firenze 1973, pp. 62-63, n. 62.

גואידו רני התחנך באקדמיית קאראצ׳י בבולוניה, אולם עינו היתה פקוחה תמיד גם אל יצירתו של קורג׳ו במחוז אמיליה. בין אמני בולוניה מבני־דורו הצטיין רני בחיפושיו המתמידים אחרי אידיאל קלאסי של יופי, כדוגמת זה שבציורי רפאל. הרמה הנשגבת של סגנונו הגרפי מתגלה במלואה ברישום יפהפה זה, שהוא רישום־הכנה לחלקה העליון של דמות אפולון, בשביל הפרסקו המפורסם על נושא ״השחר״, אשר צייר בשנים 1612-1614 בלוג׳ה של ארמון החשמן שיפיונה על גבעת הקווירינאל ברומא (כיום ארמון רוספיליוזי־פאלאוויצ׳יני).

גוארצ׳ינו (פרנצ׳סקו בארביירי)
צ׳נטו, 1591 - בולוניה, 1666
40 **הירונימוס הקדוש מתפלל לפני הצלוב**
גיר אדום טבעי על־גבי נייר גס, 300x370

Guercino (Francesco Barbieri)
Cento, 1591 – Bologna, 1666
San Gerolamo in adorazione del Crocifisso, n. 805 E
Matita rossa, carta grezza, 370x300
Bibl.: P.N. Ferri, *Catalogo riassuntivo della raccolta di disegni antichi e moderni posseduta dalla R. Galleria degli Uffizi di Firenze,* Roma 1890, p. 296.

בקבוצה הגדולה של אמנים אשר אישיותם האמנותית התעצבה בחוג בית קאראצ׳י, בולט גוארצ׳ינו בהיותו היחיד שהגיב בצורה חיובית על הצעותיו הסגנוניות של הריאליזם של קאראוואג׳ו — ריאליזם שהיה כה רחוק מן הטעם והתרבות ששלטו בבולוניה בתחילת המאה הי״ז. גוארצ׳ינו העריך בעיקר את משחקי־האור רבי העצמה שבתיאור הדמויות אצל קאראוואג׳ו ובני האסכולה שלו. משיטת סגנון זו הפיק לקח חשוב, גם אם האציל עליה — כפי שניתן להיווכח מן הרישום המוצג כאן — פירוש אידיאלי שהיה זר לחלוטין לכוונותיהן של היצירות ששימשו לו דוגמה.

41 נוף עם דמויות
עט על־גבי נייר לבן מוצהב, 416x265

Paesaggio con figure, n. 3702 S
Penna, carta bianca ingiallita, 265x416
Bibl.: M. Chiarini, *Mostra di disegni italiani di paesaggio del Seicento e del Settecento,* Firenze 1973, p. 27, n. 24.

בתחום אמנות תיאורי הנוף במאה הט"ז היה לגוארצ'ינו תפקיד בולט במיוחד, וזאת בזכות הליריות החזקה שידע למסוך ברישומיו ובציוריו על נושא זה. הוא עשה זאת באמצעות משחקי אור־צל, שהיו מתוחכמים ופיוטיים כאחד.

פייטרו דה קורטונה (פייטרו ברטיני)

קורטונה, 1596 - רומא, 1669

42 חלק־גוף עליון של שתי דמויות נשים
פחם וגיר לבן על־גבי נייר לבן, 261x238

Pietro da Cortona (Pietro Berrettini)

Cortona, 1596 – Roma, 1669

Parte superiore di due figure femminili, n. 13909 F
Carboncino, gessetto bianco, carta bianca, 238x261
Bibl.: M. Campbell, *Mostra di disegni di Pietro Berrettini da Cortona per gli affreschi di Palazzo Pitti,* Firenze 1965, p. 24, n. 2.

פייטרו דה קורטונה, שהיה ראש אסכולת ציור הבארוק באיטליה, הוריש לנו אוסף מרשים, הן מבחינת מספרם הרב של הרישומים והן — ובעיקר — מבחינת איכותם. ברישומים אלה הגיע האמן לרמות נשגבות של שלמות סגנונית, כפי שנראה, למשל, ברישום היפהפה המוצג כאן. קצב משחק האור־וצל, שהושג במיזוג העדין של קווי הפחם עם קווי הגיר הלבן, בונה את הדמויות בחלל ומשווה להן אפקט של גדלות מתפרצת, האופייני מאוד לבארוק. זהו רישום־הכנה לפרסקו המתאר את "תור הזהב", הנמצא באולם המכונה "אולם האח" בפאלאצו וקיו. נושא הפרסקו הוא "שלושת תורי העולם", על־פי תיאורו של המשורר הלטיני אובידיוס, ולביצועו הזמין הדוכס־הגדול פרנצ'סקו השני לבית מדיצ'י את האמן לבוא לפירנצה.

43 מתווה של ידיים
פחם וגואש לבן על־גבי נייר כחלחל, 253x395

Studio di braccia, n. 11699 F
Carboncino, biacca, carta cerulea, 395x253
Bibl.: M. Campbell, *Mostra di disegni di Pietro Berrettini da Cortona per gli affreschi di Palazzo Pitti,* Firenze 1965, p. 33, n. 22.

הרישום שלפנינו מתקשר לציור אחר בפרסקו שב"אולם האח" — ל"תור הכסף". עושר ההבעה שהושג כאן נדמה שכבר מרמז על רכּוּת הצורות המלאות, העתידה לאפיין מגמה מסוימת בציור המאה הי"ט. פייטרו דה קורטונה רשם כאן בפרוטרוט את ידיה של הנימפה הרובצת בחזית הציור. באופיצי מצויים רישומי־הכנה נוספים רבים לנימפה זו, המעידים, בין היתר, על החשיבות הרבה שייחס האמן לעיבוד הגרפי כחלק מתהליך היצירה.

44 יוליוס קיסר משיב לקליאופטרה את כס־מלכותה
אבן־פחמן, עט ומגוון אפור על־גבי נייר לבן, 340x250

Cesare rimette sul trono Cleopatra, n. 1407 F
Matita nera, penna, acquerello grigio, carta bianca, 250x340
Bibl.: G. Briganti, *Pietro da Cortona o della pittura barocca,* Firenze 1962, p. 290.

רישום זה, וכן שני הרישומים שלפניו, מבהירים היטב את שיטת עבודתו של פייטרו דה קורטונה, ובייחוד מוכיחים הם שהרישום שימש בידו אמצעי יעיל ביותר לחיפוש פתרונות ולשכלולם, הן מבחינת הקומפוזיציה והן במה שנוגע לעיבוד הדמויות. הוא נהג להתחיל ברישום פרטים שלכאורה אינם חשובים ואינם ראויים כלל לתשומת־לב, ולאט־לאט בנה את הדמויות ואחר־כך את התמונה כולה. את התמונה עצמה עיבד, בדרך כלל, ברישומים של גירסות שונות, לפני שהגיע לפתרון שנראה בעיניו כמתאים. כך אירע גם לגבי הרישום המוצג כאן: מוגשת בו הצעת קומפוזיציה ראשונה לציור על נושא זה בשביל ארמונו של לואי פליפו דה לה ורילייר בפאריס (הציור מוצג כיום במוזיאון של ליאון). אולם הגירסה הסופית, הווה אומר הרישום שעל־פיו עתיד היה הציור להתבצע ללא כל שינויים, נמצאת באוסף ההדפסים הלאומי אשר ברומא.

ג'אן לורנצו ברניני

נאפולי, 1598 - רומא, 1680

45 **אלגוריה של ריו דה לה פלאטה**

גיר אדום טבעי וגואש לבן על־גבי נייר גס, 387x527

Gian Lorenzo Bernini

Napoli, 1598 – Roma, 1680

Allegoria del Rio de la Plata, n. 11921 F

Matita rossa, biacca, carta grezza, 527x387

Bibl.: H. Brauer – R. Wittkower, *Die Zeichnungen des Gianlorenzo Bernini,* Berlin 1931, p. 50.

רישום זה הוא ללא ספק מן היצירות היפות והמשמעותיות ביותר שידעה אמנות הגרפיקה של הבארוק האיטלקי. זהו רישום־הכנה שעשה ברניני לאחד מארבעת פסלי ה"נהרות" שבבסיס האובליסק בבריכת כיכר נאבונה ברומא. פסל זה, ועמו יתר הפסלים בתשלובת הבריכה, נחשבים על היצירות הקישוטיות הנועזות והמקוריות ביותר של אמנות הבארוק. הם בוצעו בשנים 1647 ו־1652 בידי קבוצת אמנים על־פי תכניותיו ובהנחייתו של רב־האמן. ניכר היטב ברישום שהוא נעשה ביד שהיתה אמונה על כלי־פיסול (כפי שאכן היתה ידו של ברניני), על־פי המתח הדינמי של קווי־המיתאר והפלסטיות העזה הנוצרת ממשחק הניגודים בין אור וצל.

סטפאנו דלה בלה

פירנצה, 1610 - פירנצה, 1664 בקירוב

46 **מלחים בנמל**

אבן־פחמן, עט ומגוון אפור על־גבי נייר לבן, 262x165

Stefano della Bella

Firenze, 1610 – Firenze, 1664 circa

Marinai in un porto, n. 339 P

Matita nera, penna, acquerello grigio, carta bianca, 165x262

Bibl.: *Disegni Italiani della Galleria degli Uffizi,* Tokyo 1982, n. 46.

סטפאנו דלה בלה — חרט ורשם שהצטיין ברגישות ועדינות יתרות — היה מן הנציגים הבולטים של אמני פירנצה במאה הי"ז. התעניינותו הקיפה תחומי אמנות שונים באיטליה ומחוצה לה; בין היתר, הכיר אמן זה היטב את יצירתו של רמבראנדט. מן הרישום המוצג כאן אפשר לחוש עד כמה היתה ידו של דלה בלה אמונה על כלים טכניים עדינים ומדויקים ככלי־מלאכתו של החרט. תעיד על־כך גם בהירות קווי העט והעפרון, שהצביעה במגוון אפור משווה להם רוך של אור כסוף. אף שהקומפוזיציה אינה קשורה ישירות לשום תחריט מתחריטיו הידועים לנו, היא משקפת בכל זאת שלב סגנוני קרוב מאוד לזה של סדרות התחריטים המכונות "מראות נמלי־ים" (דה וסם, מס' 794-801) ו"שמונה תמונות עם נוף־ים" (דה וסם, מס' 810-817).

אניילו פאלקונה

נאפולי, 1607 - נאפולי, 1656

47 **ראש לוחם**

גיר אדום טבעי על־גבי נייר אפור, 229x315

Aniello Falcone

Napoli, 1607 – Napoli, 1656

Testa di guerriero, n. 6847 S

Matita rossa, carta grezza, 315x229

Bibl.: W. Vitzthum, *Cento disegni napoletani (Sec. XVI–XVIII),* Firenze 1967, pp. 38–39, n. 53.

אניילו פאלקונה, נציג בולט בזרם הסגנוני הגרפי של ממשיכי דרכו של המורה הדגול ג'וזפה ריברה, היה ללא ספק אחד מאמני הרישום הנבונים והמוכשרים ביותר שהיו פעילים בנאפולי במרוצת המאה הי"ז כולה. רישום־הכנה יפה זה שלפנינו הוא הוכחה ברורה לכך. משיכת הקו המתוחכמת, בעלת האפקט העיטורי המפואר, מתמזגת כאן היטב עם משחק־אורות רגיש מאוד. זהו רישום־הכנה לראשו של ברק בפרסקו המתאר את "השיחה בין דבורה הנביאה וברק", שצייר פאלקונה בקאפלה סאנט'אגאטה אשר בכנסיית סאן פאולו מאג'ורה בנאפולי (בשנת 1640 בערך).

איל וולטראנו (באלדאסארה פרנצ'סקיני)

וולטרה, 1611 - פירנצה, 1689

48 **צעיר נושא כד בידו**

גיר אדום טבעי וגיר לבן על־גבי נייר אפור, 282x433

Il Volterrano (Baldassarre Franceschini)

Volterra, 1611 – Firenze, 1689

Giovane che regge una brocca, n. 3307 S

Matita rossa, gessetto bianco, carta grigia, 433x282

Bibl.: A. Petrioli Tofani, *Disegni del Volterrano per gli affreschi nella Villa della Petraia.* In *La Quadreria di Don Lorenzo dei Medici* (catalogo della mostra a cura di E. Borea e altri), Firenze 1977, p. 87, n. 23.

באמן הזה ניתן לראות את הנציג החשוב ביותר של הזרמים הבארוקיים באמנות הציור של טוסקאנה. הוא היה אך בן עשרים וחמש כאשר נתבקש בשנת 1636, זמן קצר מאוד לאחר שנפרד ממורו ג'ובאני דה סאן ג'ובאני, לעטר את קירות החצר של וילה פטרייה שבסביבת פירנצה. נושא הפרסקו היה מעלליה עטורי־התהילה של משפחת מזמין הציור — דון לורנצו די מדיצ'י, בנו הצעיר של הדוכס־הגדול פרנצ'סקו הראשון. הרישום היפהפה המוצג כאן קשור לאחד מציורי הפרסקו הללו ואם לדייק — לציור שבו מתואר קוזימו השני לבית מדיצ'י הניצב לפני כנסיית אבירי סטפאנו הקדוש שבפיסה ומקביל שם את פני המנצחים השבים מבון. האפקט העדין של משחק האור, בעיקר בתווי־הפנים הנסערים והחושניים, מעיד בבירור על השפעה ניאו־ליאונרדיסטית בסגנונו של וולטראנו.

סלוואטור רוזה
נאפולי, 1615 - רומא, 1673
49 נוף
עט ומגוון אפור וחום על־גבי נייר לבן, 370x137

Salvator Rosa
Napoli, 1615 – Roma, 1673
Studio di paesaggio, n. 456 P
Penna, acquerello grigio e marrone, carta bianca, 137x370
Bibl.: *Disegni Italiani della Galleria degli Uffizi,* Tokyo 1982, n. 48.

לאחר שלמד בנאפולי יחד עם ג'וזפה ריברה ואניילו פאלקונה, עקר סלוואטור רוזה לרומא (בשנת 1635) ומכאן עבר לפירנצה, שבה שהה בשנים 1640-1649. במשך מסעותיו אלה, שבמרוצתם התנסה בנסיונות סגנוניים שונים ורב־גוניים, הבשילה בו צורת הבעה רחבת־אופקים. מבחינה מסוימת היתה צורה זו כמעט טרום־רומנטית, והיא מצאה בציורי־הנוף וברישומי־הנוף נושא המתאים לה ביותר, ומכל מקום ברוך־תוצאות. לא קל לקבוע מהו תאריך ביצועו של הרישום שלפנינו. בכל אופן, הוא מן היצירות היפות והחשובות ביותר שהוריש לנו אמן זה בתחום הגרפיקה — וזאת בזכות האור הרוטט וספוג־השמש, היוצר אווירה פיוטית עד למאוד.

לוקה ג'ורדאנו
נאפולי, 1634 - נאפולי, 1705
50 מלאך וסמלי עינויו ומותו של ישו
אבן־פחמן ומגוון אפור על־גבי נייר לבן, 257x298

Luca Giordano
Napoli, 1634 – Napoli, 1705
Angelo con i simboli della Passione, n. 4438 S
Matita nera, acquerello grigio, carta bianca, 298x257
Bibl.: *Disegni Italiani della Galleria degli Uffizi,* Tokyo 1982, n. 49.

ברישום זה, המבטא דינמיות טעונת מתח דרמטי עז, עיבד לוקה ג'ורדאנו נושא שעתיד היה לצייר כפרסקו בכנסיית סאן לורנצו באסקוריאל, בעת שהותו הממושכת בספרד. צייר זה היה מנציגיה הבולטים של אסכולת נאפולי במאה הי"ז ונציג בולט של כל מגמת הבארוק באירופה. ברישום המוצג כאן שורטט החלק הימני של הקומפוזיציה שנזכרה לעיל. חלקה השמאלי שורטט ברישום מקביל, המצוי אף הוא בלשכת הרישומים וההדפסים של גלריית אופיצי בפירנצה. בעבר שויכו שני רישומים אלה בטעות לאמן בן בולוניה ג'ובאן ג'וזפו דאל סולה, אך בשנת 1972 קבעה בצדק קאתרין ג'ונסטון, על־סמך סגנונם הגרפי של הרישומים, כי הם פרי עבודתו של לוקה ג'ורדאנו.

3
לורנצו די קרדי: ישו התינוק יושב על כרית
Lorenzo di Credi: Gesù bambino seduto su un cuscino

20
פרנצ׳סקו פארמיג׳אנינו : אשה עומדת
Francesco Parmigianino: Figura femminile in piedi

אניבאלה קאראצ'י: דיוקן שני צעירים בצדודית
Annibale Carracci: Ritratto di due giovani di profilo

24
ג'ורג'ו ואזארי: קוזימו הראשון לבית מדיצ'י מקביל את פני השבויים מקרב מונטמורלו
Giorgio Vasari: Cosimo I dei Medici riceve i prigionieri della battaglia di Montemurlo

48
איל וולטראנו (באלדאסארה פרנצ'סקיני): צעיר נושא כד בידו
Il Volterrano (Baldassarre Franceschini): Giovane che regge una brocca

17
רוסו פיורנטינו: גבר עירום
Rosso Fiorentino: Figura maschile nuda

ליאונרדו דה וינצ'י: ראש איש צעיר
Leonardo da Vinci: Testa giovanile

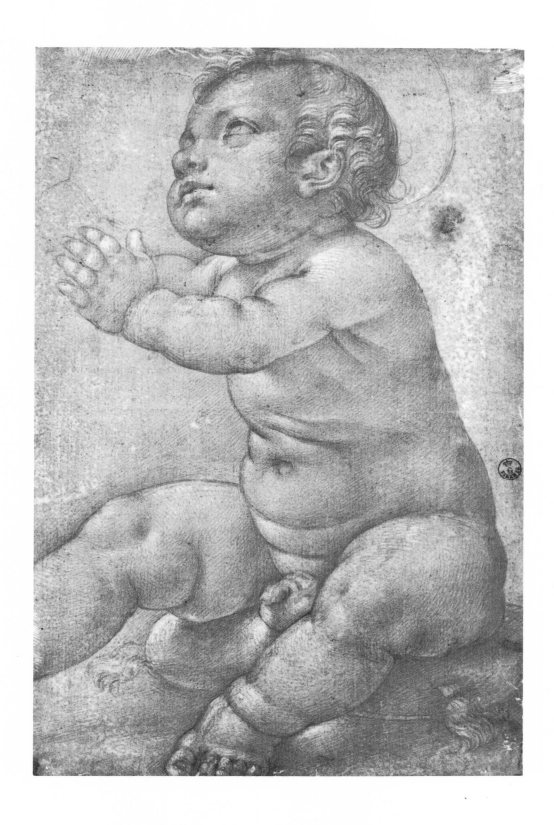

3
לורנצו די קרדי : ישו התינוק יושב על כרית
Lorenzo di Credi: Gesù bambino seduto su un cuscino

2
פיליפינו ליפי: שתי דמויות גברים, האחת כורעת והשנייה עומדת
Filippino Lippi: Due figure maschili, una inginocchiata e una in piedi

5
פרה ברטולומיאו דלה פורטה: עליית הבתולה השמיימה
Fra Bartolommeo della Porta: L'Assunzione della Vergine

מיכלאנג'לו בואונרוטי: ראש גבר ורגליים
Michelangelo Buonarroti: Studio di testa maschile e di gambe

6

פרה ברטולומיאו דלה פורטה: שלוש דמויות עומדות

Fra Bartolommeo della Porta: Studio di tre figure in piedi

פרה ברטולומיאו דלה פורטה: הבאת הקרבן לוונוס
Fra Bartolommeo della Porta: L'offerta a Venere

9
אנדריאה דל סארטו: דיוקן גבר
Andrea del Sarto: Ritratto maschile

אנדריאה דל סארטו: קטע מדמות יושבת
Andrea del Sarto: Studio parziale di una figura seduta

10
אנדריאה דל סארטו: גבר ניצב, מבט כמעט מהגב
Andrea del Sarto: Figura maschile in piedi quasi di spalle

11

באצ'ו באנדינלי : תספורתה של ונוס

Baccio Bandinelli: La toeletta di Venere

12
דומניקו בקאפומי: המאדונה בהדרה עם ישו התינוק וארבעה קדושים
Domenico Beccafumi: La Madonna col Bambino in gloria e quattro Santi

יאקופו פונטורמו: ראש ילד ורגליים
Jacopo Pontormo: Studio di una testa di fanciullo e di gambe

14
יאקופו פונטורמו: דיוקן חצי דמות
Jacopo Pontormo: Ritratto a mezza figura

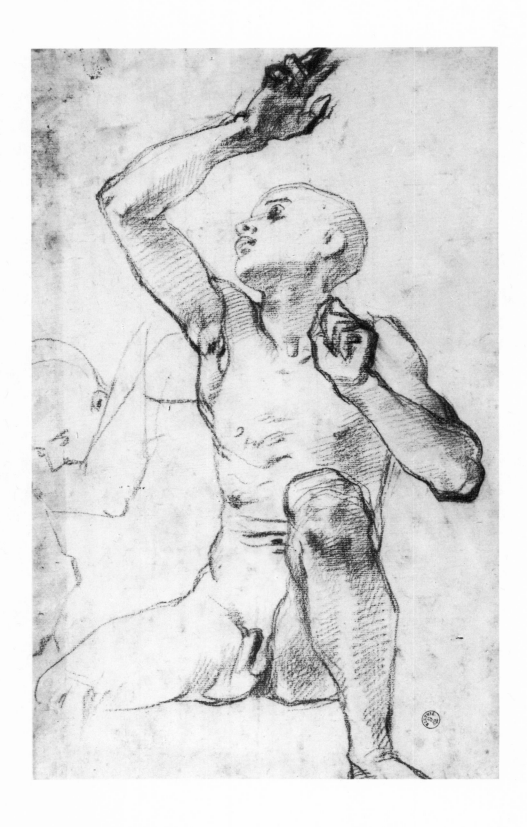

יאקופו פונטורמו : צעיר עירום יושב
Jacopo Pontormo: Giovane nudo seduto

16

יאקופו פונטורמו: אדם וחוה בעמלם ורישומי-הכנה לדמויות
Jacopo Pontormo: Il lavoro dei Progenitori e studi di figure

17
רוסו פיורנטינו: גבר עירום
Rosso Fiorentino: Figura maschile nuda

18
פרינו דל ואגה: אפריז קישוטי
Perino del Vaga: Fregio decorativo

פרנצ'סקו פארמיג'אנינו: נישואיה המיסטיים של קתרינה הקדושה
Francesco Parmigianino: Il Matrimonio mistico di Santa Caterina

20

פרנצ'סקו פארמיג'אנינו: אשה עומדת
Francesco Parmigianino: Figura femminile in piedi

21
אניולו ברונזינו: גבר עירום
Agnolo Bronzino: Figura virile nuda

דומניקו קאמפניולה: ישו הנוצרי נפרד לשלום ממרים המגדלית
Domenico Campagnola: Cristo prende congedo dalla Maddalena

23
פאריס בורדון: חצי־גוף עליון של גבר עירום
Paris Bordon: Parte superiore di figura maschile nuda

24

ג'ורג'ו ואזארי: קוזימו הראשון לבית מדיצ'י מקביל את פני השבויים מקרב מונטמורלו
Giorgio Vasari: Cosimo I dei Medici riceve i prigionieri della battaglia di Montemurlo

25
 יאקופו באסאנו: תמונה מחיי הבית עם שתי נשים וילד
Jacopo Bassano: Scena domestica con due donne e un fanciullo

26
יאקופו טינטורטו: שתי דמויות גברים
Jacopo Tintoretto: Due figure maschili

27

יאקופו טינטורטו: קשת, רישום־הכנה

Jacopo Tintoretto: Studio per un arciere

28
לוקה קאמביאזו: מעצרו של ישו בגן גת־שמנים
Luca Cambiaso: La cattura di Cristo nell'Orto degli Ulivi

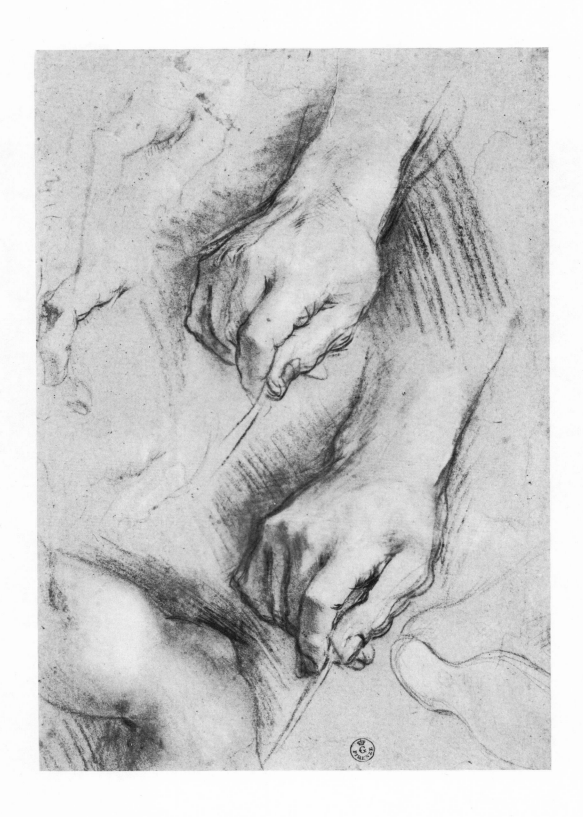

פדריקו בארוצ'י: דף מתווים
Federico Barocci: Foglio di studi

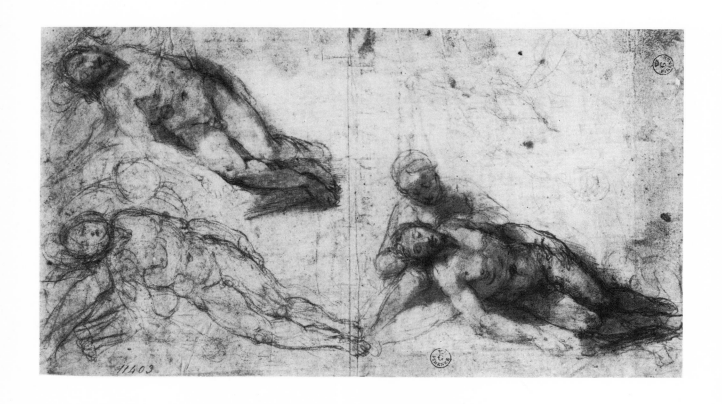

פדריקו בארוצ'י: רישומי־הכנה לציור "הקינה על ישו המת"
Federico Barocci: Studi per il Lamento sul Cristo morto

30

פדריקו בארוצ'י: ראש גבר בצדודית לימין

Federico Barocci: Testa maschile di profilo a destra

פדריקו צוקארי: עינויה ומותה של קאתרינה הקדושה
Federico Zuccari: Il martirio di Santa Caterina

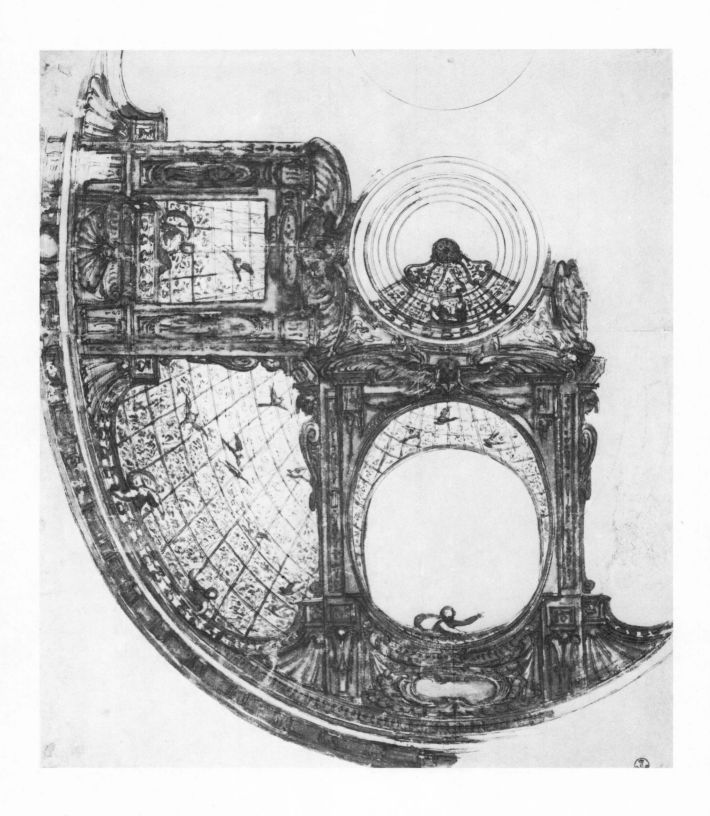

ברנרדינו פוצ'טי: רישום־הכנה לעיטור תקרה
Bernardino Poccetti: Studio di decorazione per un soffitto

34
יאקופו דה אמפולי: תרגילים לדמות גבר
Jacopo da Empoli: Studi di figura virile

35
אגוסטינו קאראצ'י: עצים
Agostino Carracci: Studio di alberi

לודוביקו צ׳יגולי: הרקליוס הקדוש נושא את הצלב
Lodovico Cigoli: San Eraclio che porta la Croce

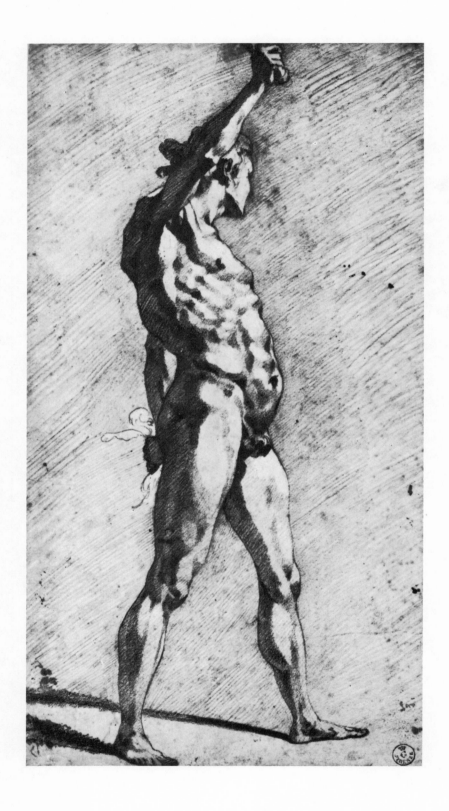

36
אנדריאה בוסקולי: גבר עירום
Andrea Boscoli: Nudo maschile

38
אניבאלה קאראצ'י: דיוקן שני צעירים בצדודית
Annibale Carracci: Ritratto di due giovani di profilo

39
גואידו רני: חצי־גוף עליון של גבר עירום
Guido Reni: Mezza figura maschile nuda

41
גוארצ'ינו (פרנצ'סקו בארביירי): נוף עם דמויות
Guercino (Francesco Barbieri): Paesaggio con figure

40
גוארצ'ינו (פרנצ'סקו בארביירי): הירונימוס הקדוש מתפלל לפני הצלוב
Guercino (Francesco Barbieri): San Gerolamo in adorazione del Crocifisso

פייטרו דה קורטונה (פייטרו ברטיני): מתווה של ידיים
Pietro da Cortona (Pietro Berrettini): Studio di braccia

פייטרו דה קורטונה (פייטרו ברטיני): חלק־גוף עליון של שתי דמויות נשים
Pietro da Cortona (Pietro Berrettini): Parte superiore di due figure femminili

44

פייטרו דה קורטונה (פייטרו ברטיני) : יוליוס קיסר משיב לקליאופטרה את כס־מלכותה

Pietro da Cortona (Pietro Berrettini): Cesare rimette sul trono Cleopatra

45
ג'אן לורנצו ברניני: אלגוריה של ריו דה לה פלאטה
Gian Lorenzo Bernini: Allegoria del Rio de la Plata

47

אניילו פאלקונה: ראש לוחם
Aniello Falcone: Testa di guerriero

46
סטפאנו דלה בלה: מלחים בנמל
Stefano della Bella: Marinai in un porto

48
איל וולטראנו (באלדאסארה פרנצ'סקיני): צעיר נושא כד בידו
Il Volterrano (Baldassarre Franceschini): Giovane che regge una brocca

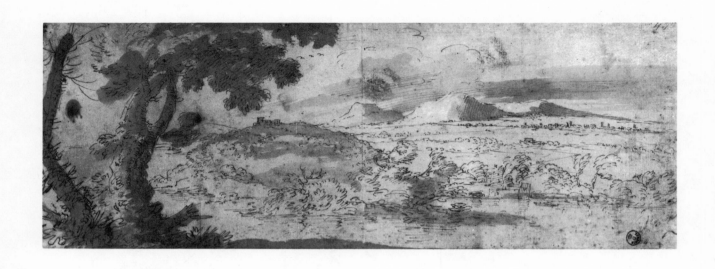

סלוואטור רוזה: נוף
Salvator Rosa: Studio di paesaggio

50

לוקה ג'ורדאנו: מלאך וסמלי עינויו ומותו של ישו

Luca Giordano: Angelo con i simboli della Passione